JN237842

天然石のアクセサリー

contents

04 spring

14 summer

22 autumn

32 winter

　　天然石について
13　1. 知っておいてほしいこと
21　2. 石のツヤ出し・保管
31　3. アクセサリーの手入れ・天然石に合う素材

40　この本で使っている材料＆用具

《テクニックガイド》
42　ワイヤーを使った端のまとめ方
42　ボールチップ、つぶし玉の使い方
42　丸カンの扱い方
43　ひも止めの使い方
43　ビーズボールの作り方

　　ワイヤーを使ったテクニック
44　A・B ワイヤー1本を使う
44　C ワイヤー2本を使う
45　D ワイヤーを石の裏側に通す
45　E ワイヤーを石にからませる・ワイヤーをつなぐ
46　F 座金を使う
47　G ワイヤー4本をねじる
47　H 皮ひもで作るリング
48　I ワイヤーを編む

　　ひもを使ったテクニック
50　A つゆ結び
51　B 端の始末

52　天然石のいろいろ

台湾には「世代相伝」という言葉があります。
宝物は祖母から母へ、また母から娘へと次の世代に受け継がれ、
大切なお守りとして使われています。
そんな宝物としての役割を担える天然石を使って
いつの時代にも身につけられるシンプルなアクセサリーを作りました。
この本から、そんな石の魅力を感じていただけたらと思います。

龔　久珍

STAFF
撮影／山本正樹
プロセス撮影／中辻 渉
スタイリング／絵内友美
ブックデザイン／中村方香
作り方トレース／だいらくさとみ　大森裕美子 [day studio]
編集担当／岡野とよ子

撮影協力／ナルスワーブ
〒160-0023 東京都新宿区西新宿1-1-3 新宿ミロード4F
TEL.03-3349-5743

2005©KYO KYUCHIN/ONDORI:SHA
本誌掲載のものを複製頒布・転載することは禁じられています。
印刷物のため、作品の色は実際と多少異なることがあります。
ご了承ください。

PROFILE 龔 久珍／Kyo Kyuchin

台湾生まれ。幼少の頃よりジュエリーに興味を持ち、高校時代にアンティークの翡翠やアンバー、サンゴ等の石を収集し、アクセサリーを作るようになる。大学留学のために来日。フランス、イタリア、東南アジア等世界23ヵ国ほどをまわり、ジュエリーの特徴や配色を独自に学ぶ。

この本で使用している天然石は
トータルオフィスジャパンの商品です。
天然石に関するお問い合わせは下記にお願いします。
■㈲トータルオフィスジャパン
〒103-0007 東京都中央区日本橋浜町 3-32-3-1402
TEL.03-5641-2797　http://www.totalofficejapan.com

spring

かわいらしい花が咲き、暖かな日差しを感じる季節は
ピンクやオレンジ色でやさしい印象に。

**カーネリアンのネックレス
＋ブレスレット＋ピアス**

カーネリアンのさざれ石で作ったビーズ
ボールでシンプルな一連にアクセントを。

作り方 58ページ

ピンクオパールのネックレス＆ピアス

ゆらゆらと揺れるドロップカットのピンクオパール。ネックレスはパールの部分をひもにつけかえてアレンジができます。

作り方 57ページ

ローズクォーツとラブラドライトのネックレス ＋ブレスレット＋ピアス＋イヤリング

かわいい丸玉をいっぱい使った二連のネックレスと三連のブレスレット。
イヤリングはネックレスのイメージをそのままに
ピアスはロングタイプで耳元を揺らせます。

作り方 60ページ

淡水パールのネックレス

大粒パールの間にミラーボールを入れてゴージャスに。
バラの金具はマグネットタイプ。コーディネイトに合わせて好みの位置に。

作り方 59ページ

ルビー原石のネックレス

まとめ髪に使うゴムに通しているので、片手でも身につけられます。
季節ごとにゴムの色をかえて楽しめるデザイン。

ニットカーディガン／ナルスワーブ

作り方 59ページ

淡水パールとシトリンのネックレス ＋ピアス＋リング

お花にカットした淡水パールとオーバル型のシトリンを
シルバーのワイヤーやチェーンでつなぎます。

作り方 62ページ

**オレンジムーンストーンと淡水パールの
ネックレス&ブレスレット**

テグスに通して長く作ればネックレス、
短くすればブレスレットに。
金具を使っていないので肌にやさしい仕上がりです。

作り方 64ページ

淡水パールのネックレス＆ブレスレット

いろいろな形のパールとオパールやクリスタルを
ワイヤーに通し、かぎ針で編んで作ります。
ボリュームのあるデザインなので、ネックレスは首まわりに
ぴったりと添うように作ると素敵。

作り方 65ページ

インカローズのネックレス

ピンクのインカローズを中心に、オレンジ色やブルーの石をプラスした春らしい色合い。座金で形作る花模様やバラの形の石などで華やかに。
レースカーディガン／ナルスワーブ

作り方 66ページ

column:1

天然石について　1　知っておいてほしいこと

天然石は、購入するまでにいくつかの工程を経て市場に出回ります。同じ石でも質の良し悪しがあり、染めた石もあります。購入したら石は必ず洗い、ツヤを出しておくことが大事です。

石の質
ラブラドライトを使って石の違いを見てみましょう。右はツヤや透明感がある質の良い石、左はツヤのない濁った石です。どちらも同じ石にかわりはないのですが、用途に合わせて使い分けると良いでしょう。

染めた石
淡水パールを例にあげましたが、染めた石は右のように退色してしまう場合があります。ケースに入れて保管すると、退色が避けられます。

■ 石を購入したら

下記のように石を洗います。写真では一連の石を使っていますが、一粒ずつのバラ玉も同じようにします。

◎用意するもの
石（写真はブルートパーズ）、タオル、台所用洗剤、洗面器（石を洗える程度の大きさ）、ぬるま湯

1 洗面器にぬるま湯を入れ、洗剤を2・3滴入れて混ぜます。石を入れて洗いますが、目安は10秒程度。全体に洗剤がつく位に。

2 石を取り出し、タオルで水気を取ります。染めた石を洗うと、写真のように色が落ちます。

3 ぬるま湯に2を入れ、石についた洗剤を洗い落とします。

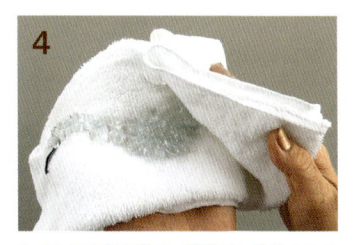

4 タオルで水気を取り、陰干で一晩乾かします。一連の場合はハンガーなどに下げ、一粒ずつのバラ玉は乾いたタオルにのせて乾かします。

5 石がよく乾いたら、P.21のようにツヤを出します。写真は中央から左側が洗ったもの。右側の元々の色に比べて、色が薄くなっているのがわかります。

summer

太陽がまぶしく感じるこの季節は
澄んだ青空のようなブルー系の石を中心に。

トルコ石のネックレス

ボリュームのあるタンブル型トルコ石を
ポイントにしたY字のネックレス。
さわやかな夏に似合う、シャープなデザインです。

作り方 68ページ

トルコ石のネックレス＋ブレスレット＋イヤリング

スカラップのようにビーズをつないで柔らかな動きのあるタイプに。
ピンクのインカローズや紫のアメジストなどトーンの近い石でかわいらしく。

シフォンノースリーブ／ナルスワーブ

作り方 70ページ

サンゴのネックレス

赤、青、ピンク、黒…と丸い形の石を使った
遊び心いっぱいのネックレス。
石に通したワイヤーは9ピンのように
丸めてから根元をねじるので
一味違った仕上がりに。

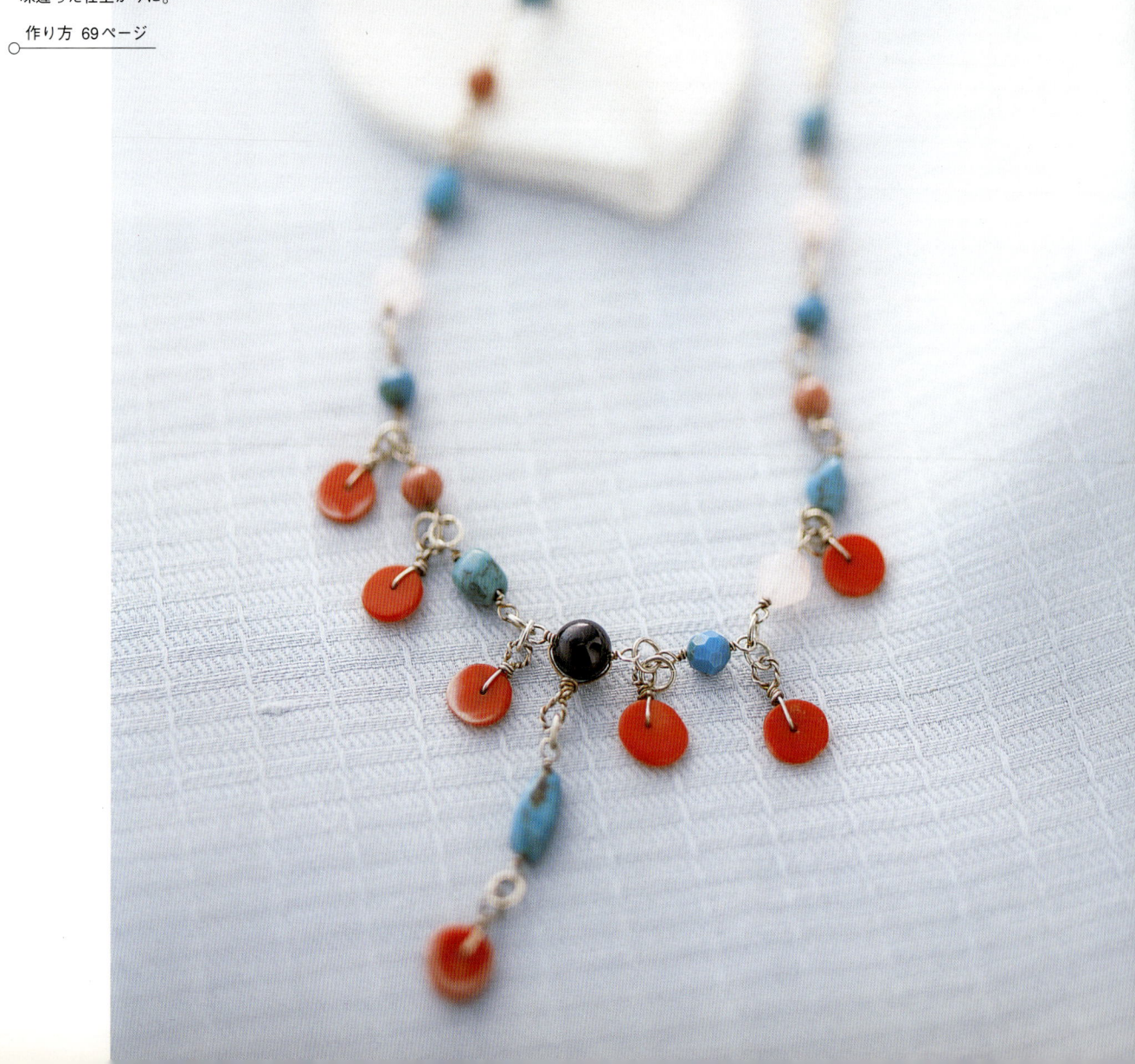

○─ 作り方 69ページ

淡水パールのロングネックレス

フラットな丸い淡水パールやホワイトムーンストーンなどを
規則的にワイヤーでつなぎます。
一連のロングで作れば三重にしてネックレスに、
ぐるぐる巻いてブレスレットにと使い方はいろいろ。
キャミソール／ナルスワーブ

作り方 73ページ

パールとアマゾナイトのネックレス&リング

ネックレスはワイヤー4本にそれぞれ中央の石を通し、
左右をねじって形作ったら、あとは石を通すだけ。
リングはワイヤー2本で簡単に作れます。

作り方 72ページ

サンゴと淡水パールのネックレス

彫刻の入ったサンゴと枝サンゴを
アクセントにした二連のネックレス。
枝サンゴはひとつひとつが違う色、違う形なので
バランスをとりながら作りましょう。

作り方 74ページ

アクアマリンとブルートパーズの
ネックレス＆ブレスレット

ボタンカットのアクアマリンと
ドロップカットとボタンカットのブルートパーズを使った
透明感あふれる七連のネックレス＆ブレスレット。
思わずため息が出る作品です。

作り方 75ページ

column:2

天然石について 2 │ 石のツヤ出し・保管

■ 石のツヤ出し

P.13のように石を洗ったら、料理に使うオリーブオイルでツヤを出します。オリーブオイルはできるだけ質の良いものを用意しましょう。

◎用意するもの
洗って乾かした石（写真はブルートパーズ）、タオル、オリーブオイル

1 手に少量のオリーブオイルをつけ、手のひら全体に広げます。

2 両手で揉み、オリーブオイルを石の表面にまんべんなくつけます。

3 タオルにはさんで余分なオリーブオイルを取り、洗ったときと同様に陰干しで一晩乾かすとでき上がりです。

◎参考例（写真はツヤあり、ツヤなしが見やすいトルコ石を使っています）。左は洗ったままの石、右はオリーブオイルでツヤを出した石です。

■ 石の保管

すぐ使わないものは、プラスチックのケースに入れて保管します。

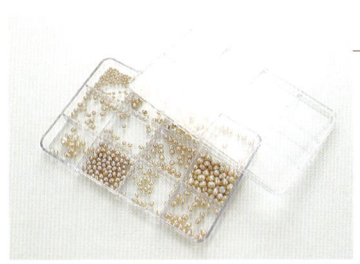

一粒ずつの石
細かく仕切りのついたケースに収納します。色別、素材別などはお好みで。自分が使いやすい分け方にしましょう。

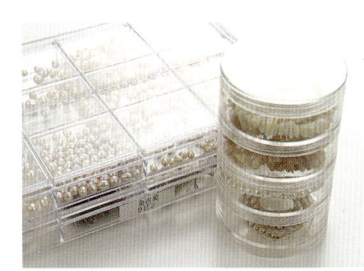

一連の石
一連は1本ずつ、円形のケースに入れておくと見やすくて便利です。

＊金具類はゴールドやシルバーの他、ピンクゴールドや金古美など色の種類が豊富です。一粒ずつの石と同様、色別にして細かな仕切りのついたケースに収納し、厚みの部分に名前をつけておくと良いでしょう。

21

autumn

ファッションを楽しむ季節は、アクセサリーにも気を使いたいもの。
赤、イエロー、グリーン系など落ち着いた色の石で。

**スモーキークォーツのネックレス
＋ブレスレット＋ピアス**

クリアーで大粒なスモーキークォーツを
ふんだんに使ってゴージャスに。
天然石ならではの石の重みは贅沢な気分を与えます。

作り方 76ページ

赤サンゴのネックレス&リング

サンゴの中で最も色味の濃い赤サンゴは
紅のようなあざやかな色が特徴です。
リングは5つのリングを全部一緒に、
今日はシンプルにひとつだけ…と
そのときの服に合わせてお好みで。

作り方 78ページ

ラピスラズリのネックレス

ハート型のラピスラズリをTピンでぶら下げ、
紫のアメジストで大人色の組み合わせに。
ベーシックな服に映えるデザインです。

作り方 79ページ

マザーオブパールと淡水パールのネックレス
ワイヤーに通すだけというシンプルなものは
存在感ある天然石だからできる技。
上質な素材を使ったときに生きるデザインです。

作り方 81ページ

カーネリアンと翡翠のネックレス

中国のひも結び用のひもを結びながら作るネックレスは
2色の色合わせが楽しめます。
大きな石を少しだけ入れて、すっきりと仕上げて。

作り方 83ページ

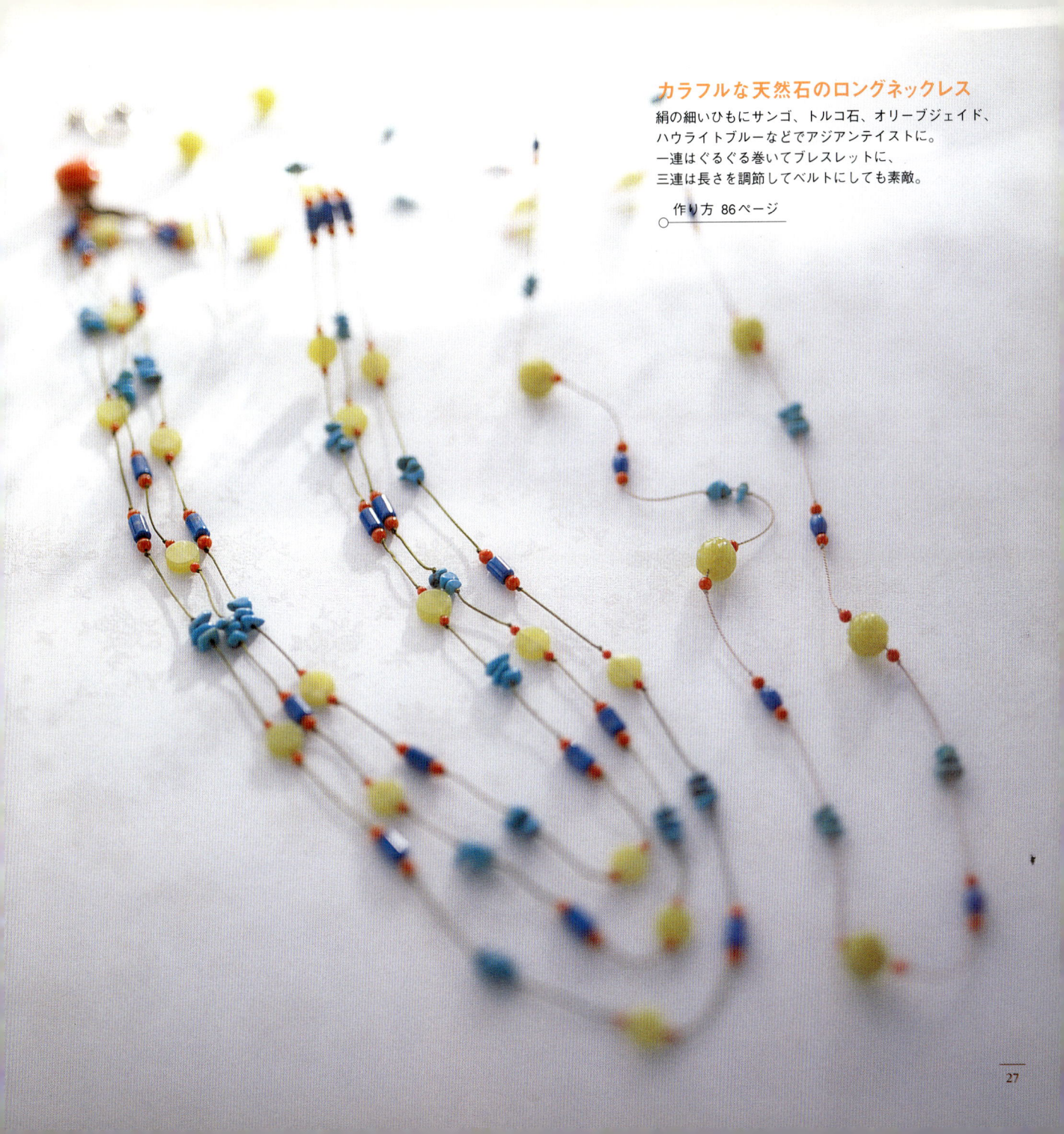

カラフルな天然石のロングネックレス

絹の細いひもにサンゴ、トルコ石、オリーブジェイド、
ハウライトブルーなどでアジアンテイストに。
一連はぐるぐる巻いてブレスレットに、
三連は長さを調節してベルトにしても素敵。

作り方 86ページ

**オリーブジェイドとモスアゲートの
ネックレス＋ブレスレット＋ピアス**

グリーン系の丸い石を使った3点セット。
シンプルすぎないよう、所々にビーズボールを入れて
少しボリュームをつけたデザインに。

作り方 84ページ

イエローとグリーン系天然石のネックレス

レモンクォーツ、シトリン、オリーブジェイドなど
色味の近い石で透明感のある作品に。
中央部分のドロップ型の石は、表面がつるんとしているプレーンや
キラッと光るカットタイプを使っています。

作り方 82ページ

アメジストと淡水パールのネックレス

前後で2種類のタイプを作り、
カニカンでジョイントさせたデザインです。
カニカンから後ろをひもにかえればチョーカーとして楽しめます。

作り方 80ページ

column:3

天然石について 3 　アクセサリーの手入れ・天然石に合う素材

■アクセサリーの手入れ

長く愛用できるよう、一手間ですがケースにしまう前に汚れを取りましょう。

1 アクセサリー専用のジュエリークロスを使います。

2 汗やほこりなどを取り、石のツヤを出します。

●手入れや保管が悪いと…

せっかく作ったアクセサリーも手入れや保管を怠ると、作った頃に比べてくすんだり、色がかわります。シルバーの金具は黄色がかった色に変色し、ゴールドはツヤがなくなります（2つ並んだゴールド金具の左は新品）。どちらもジュエリークロスで元には戻せないので、新しい金具と取り替えましょう。

■天然石に合う素材

石を引き立たせる名脇役として使える金具やパーツ類で、仕上がりが一味違ったものになるでしょう。

[18金] 白やピンク、オレンジ系などの淡めのパール、透明感が美しいシトリンやレモンクォーツなどと相性が良く、上品な仕上がりになります。

[14金] それほど種類が多く出回っていませんが、18金と同じように使え、色味は少し薄くなります。

[金メッキ] デザイン性が高く、留具はオリジナル制作に役立ちます。

[シルバー] グレイ系のパールや透明なスモーキークォーツでシックに、トルコ石でカジュアルにと様々な雰囲気が楽しめます。

[シルバーパーツ] 大きめな石の両側によく使われ、引き立て役として活躍します。大きさも形も色々あるので、いくつかそろえておくと便利です。

winter

エレガントに、シックに…と華やぐ季節。
ドレスアップのときにオススメのアクセサリーがいっぱい。

淡水パールのネックレス&ブレスレット

ネックレスやブレスレットは
ワイヤー4本にそれぞれ石を通しておき、
最後にまとめてねじり合わせると完成します。
好みの石を使うとオリジナルが作れるデザイン。

作り方 88ページ

淡水パールのネックレス＆ピアス

丸くてやや楕円のように上下がつぶれたポテト型と
平たい長方形のパールを二連に通したネックレス。
特徴ある石で、個性的な仕上がりのピアスもセットに。

作り方 89ページ

アメジストと淡水パールのネックレス

赤、黒、グリーンのレザーコードにそれぞれ石をつけ、
3本をねじり合わせて後ろで結びます。
レザーコードの色決めも重要なデザイン。

作り方 95ページ

オニキスのネックレス＆ピアス

クロスやハートにカットしたオニキスと
スクエアカットのボツワナアゲートを合わせてシックに。
ひもの部分はチェーンにつけかえられるようになっています。

作り方 90ページ

淡水パールとリーフ型天然石の ネックレス&リング

ネックレスは32ページと同じ作り方で
皮ひもに巻きつけたデザインに。
さざれ石や丸玉、リーフ型の石でキュートに。

○ 作り方 92ページ

ピンク系天然石のチョーカー&ブレスレット

石を通して作ったところにレザーコードを通して完成します。
季節に合わせてコードの色をかえればスリーシーズン役立ちます。

作り方 94ページ

ブラック系天然石のネックレス

ヘマタイト、淡水パール、スモーキークォーツで
シンプルな三連タイプに。
おしゃれな丸い形の三連バーは
アクセントに見せても素敵です。

作り方 87ページ

サンゴとブラック系天然石の
ネックレス＆ピアス

ネックレスは花彫刻した本サンゴをポイントに
淡水パールとラブラドライトで作ります。
ピアスの先端は淡水パールとラブラドライトで花の形に。

作り方 93ページ

◎ この本で使っている材料＆用具

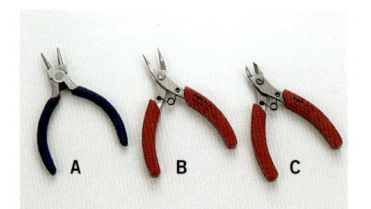

丸ペンチ(A)・ヤットコ(B)・ニッパー(C)
Aは9ピンやワイヤーの曲げに、Bは素材を傷つけずに挟むときに、Cは素材のカットに。

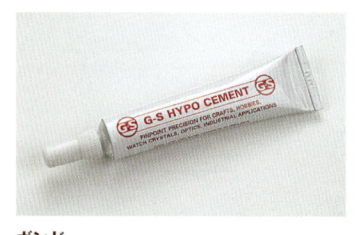

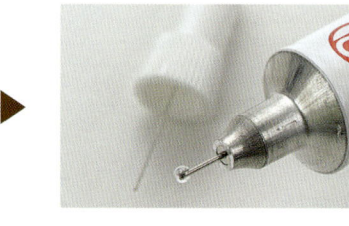

ボンド
テグスやワイヤーの接着に。先端が細く、ボンドが少量出るタイプが使いやすいです。

つぶし玉
ワイヤーなどに玉を通してつぶし、天然石やパーツがずれないよう固定します。

9ピン・Tピン
9ピンは両側で、Tピンは片側で他のパーツとつなぎます。色はゴールドやシルバーの他、金古美やピンクゴールドなど豊富で、長さも色々あります。

丸カン
パーツをつなぐときや、留具やアジャスターなどのつなぎに使います。

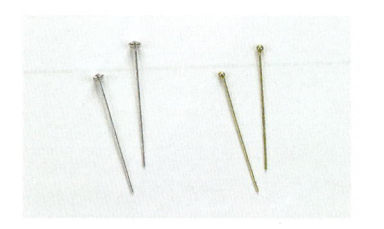

玉付ピン・玉付デザインピン
Tピンと同じ使い方をしますが、先端に装飾を施しています。

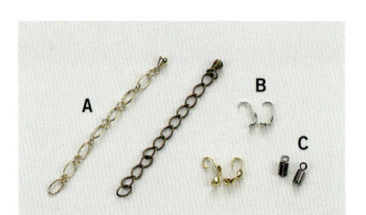

アジャスター(A)・ボールチップ(B)・ひも止め(C)
Aはネックレスの長さ調節に、Bはテグスの端やつぶし玉の隠しに、Cは端の仕上げに。

カニカン・板カン
ネックレスやブレスレットの留具に使います。

チェーン
パーツとパーツの間やネックレスの一部分に、丸カンなどとつなげて使います。

Parts & Tools

留具
バラ以外は差し込み式の留具で、バラはマグネットで挟むタイプです。

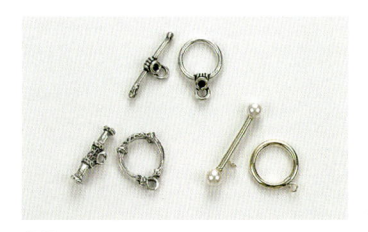

留具
輪の中に棒を通して留める、デザイン性の高いタイプです。

三連バー・七連バー
ネックレスやブレスレットで、幅のあるデザインを作りたいときに使います。

イヤリング金具
ネジバネ式の金具です。

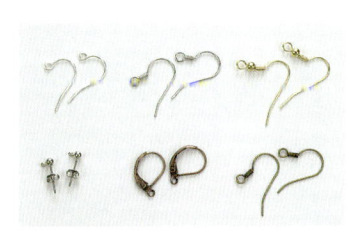

ピアス金具
フックタイプ・キャッチタイプは色も形も様々あり、デザインによって選びます。

座金
ワイヤーやテグスなどで天然石を固定し、形作るときの台に使います。

ワイヤー類
太さや色など様々にあり、用途に合わせて使い分けます。

ナイロンコートワイヤー
表面にコーティングを施した、上質で丈夫なワイヤーです。

レザーコード
ビーズをからませたチョーカーや、ネックレスの一部に使います。

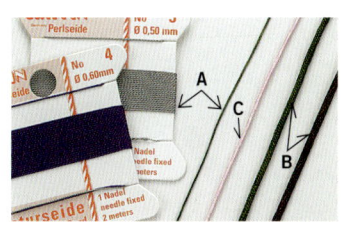

絹ひも(A)・中国結びひも(B)・カラーゴム(C)
A・Bは結びを入れた作品作りに、Cは髪を結ぶときに使うゴムです。

皮ひも
やや太めの丸ひもで、スポンジのような触り心地です。

メジャー・リング棒
リング棒はワイヤーを芯にしてリングを作るときに、持っていると便利です。

41

◎ テクニックガイド

■ワイヤーを使った端のまとめ方

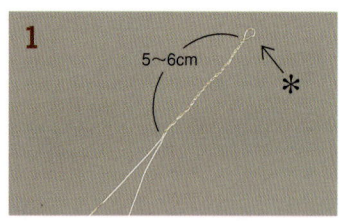

1 5〜6cm *

2 *

3

ワイヤーを半分にして小さな輪を作り（*）、5〜6cmほど2本をねじります。

P.44Aの4・5と同様にして、*の根元にワイヤーを巻きつけます。

小さな輪をパーツに通して隠すとでき上がり。

■ボールチップ、つぶし玉の使い方

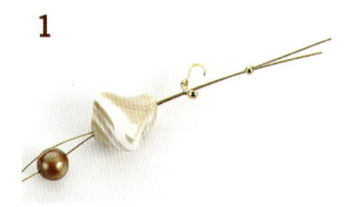

1

2

3

石やパーツを通し終えたら、ボールチップとつぶし玉を通します。

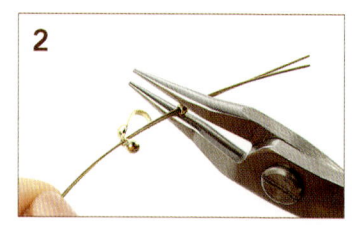

ボールチップを固定する位置で、つぶし玉をつぶします。

ボールチップをつぶし玉の位置に動かし、ボンドで固定します。

4

5

ワイヤーをボールチップ内に入る長さにカットします。

ヤットコでボールチップを閉じます。

■丸カンの扱い方

6

7

でき上がり。

大きな石を使うときは、ボールチップの下にもつぶし玉で固定すると良いでしょう。

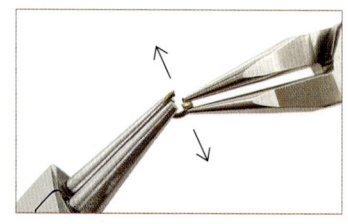

丸カンの開け・閉めは、前後にひねるようにします（左右に広げると形が崩れます）。

Technique guide

■ひも止めの使い方

1

レザーコードの端を整え、ひも止めと重ねます。

2

ヤットコでひも止めを固定し、丸ペンチで閉じます。

3

でき上がり。

■ビーズボールの作り方

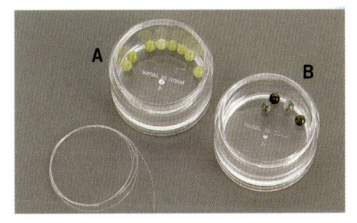

材料／ワイヤー40cm、石12個（ここでは2種類を使い、A8個とB4個の計12個で紹介）

1

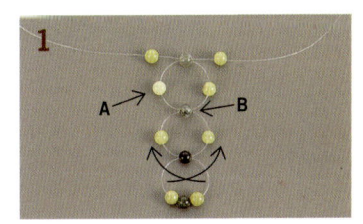

写真のように、ABの石を下から順に通します。

2

一番最初に通した石に、もう一度通します。

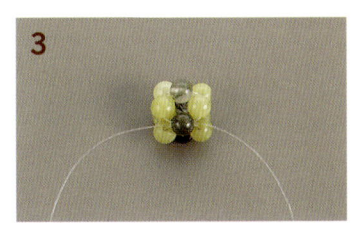

3

ワイヤーを引き、ボール状にします。

4

両脇の石4個それぞれにワイヤーを通し、ボール状を固定します。

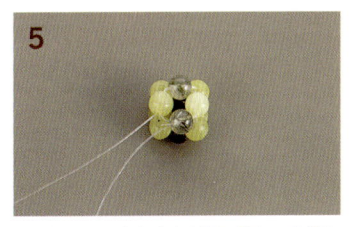

5

ワイヤーの一方を中央の石に通し、片側に寄せます。

6

ワイヤーを固結びし、ボンドでとめます。

7

ワイヤーを両端の石にいくつか通し、ペンチでカットします。

8

でき上がり。中央と両端の色を逆にして作ると、右のようになります。

43

■ワイヤーを使ったテクニック
A ワイヤー1本を使う（石は中央に穴のあるボタンカット）

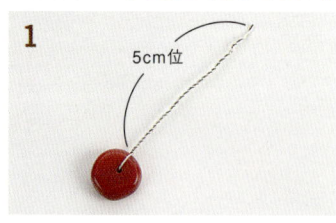

1 5cm位
長さ12cmのワイヤーを通し、2本をねじり合わせて1本にします。

2
丸ペンチで根元を90度に曲げます。

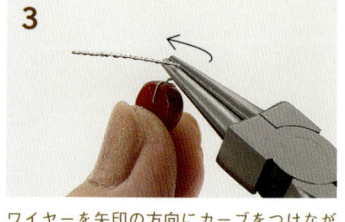

3
ワイヤーを矢印の方向にカーブをつけながら曲げます（P.45Eの1と同じ形に）。

4
3のまま左手に持ちかえ、ヤットコで根元にワイヤーを2周します。

5
余ったワイヤーを、ペンチでカットします。

6
でき上がり。ワイヤーの根元をねじることで石が固定され、装飾も施されます。

B ワイヤー1本を使う（石は横に穴のあるティアドロップ）

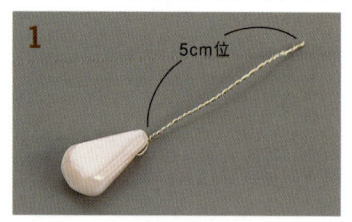

1 5cm位
横穴の場合もAと同様に作ります。

2
でき上がり。ワイヤーの端はカット後、内側に押し込むと肌にあたらず安心です。

9ピンやTピンも同様に根元をねじると、一味違う仕上がりになります。

C ワイヤー2本を使う

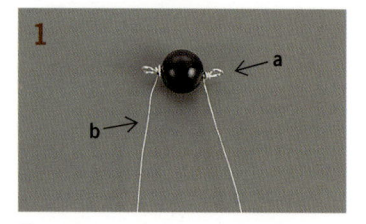

1 a, b
石にa10cm・b15cmのワイヤーを通し、aは両端をP.45Eの**1**・**2**のように始末します。

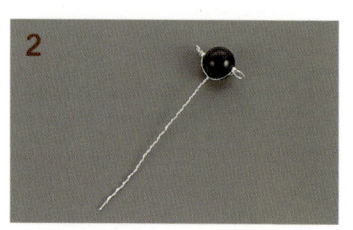

2
bは石の下側で2本を合わせ、Aの**1**のようにねじります。

3
2をAの**2**～**6**のようにすると、でき上がり。

Technique guide

D ワイヤーを石の裏側に通す

1 ワイヤーの端に輪を作り、石に通します。

2 輪の根元にボンドをつけ、ワイヤーを引いて石を固定します。

3 ワイヤーの反対側は、Eの**1**・**2**のようにするとでき上がります。

E ワイヤーを石にからませる・ワイヤーをつなぐ

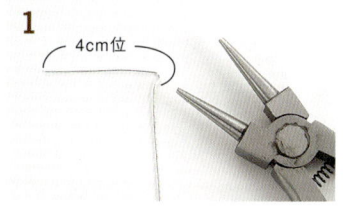

1 ワイヤーの端から4cm位の位置を、丸ペンチでP.44Aの**2**・**3**のように曲げます。

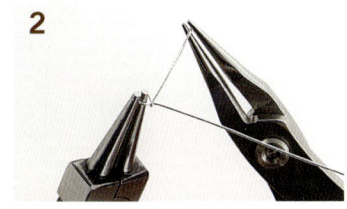

2 **1**を左手に持ちかえ、ヤットコで根元を2周し、余分をカットします。

3 石を通します。

4 **1**・**2**と同様にワイヤーの根元を2周したら、続けて石と石の間も1周します。

5 石と石の間を1周するので、ワイヤーが斜めに渡ります。

6 最後は**2**の巻いたところに1周させ、ペンチでカットします。

7 石にからませたパーツのでき上がり。

8 連続させるときは、**7**に**1**を通して**2**以降をします。

9 でき上がり。

45

F 座金を使う

◎材料／座金1個、バラ彫刻の石1個、丸玉の大・小各5個、太さ0.3mmのワイヤー60cmと10cm各1本

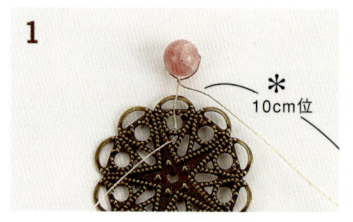

1 ワイヤー60cmに丸玉(大)を通して下側で2本をねじり(ワイヤーの片方は10cm位に)、長いワイヤーの方を写真のように座金に通します。

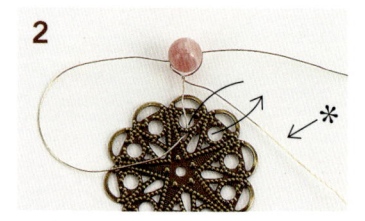

2 1で座金に通したワイヤーを丸玉に通し、矢印のように通します。

3 2のワイヤーに丸玉(小)を通し、1〜3と同様に座金に通します。

4 3をくり返して丸玉をつけます。

5 ワイヤーを何ヵ所か座金に通してボンドで固定し、表側に出して石に通してカットします。

6 バラの石にワイヤー10cmを通し、材料の写真のように根元をねじって座金の中心に通します。

7 裏側に渡った丸玉を通したときのワイヤーに、6のワイヤーをそれぞれ何ヵ所か通します。

8 ワイヤーを表側に出し、まわりの丸玉に通します。

9 バラの根元に巻きます。

10 ペンチでカットし、端をボンドで固定します。

11 でき上がり。

Technique guide

G ワイヤー4本をねじる

◎材料／好みの石(適宜に)、皮ひも60cm・#31ワイヤー1m を4本

1 1〜1.5cm位

ワイヤーの中央から左右に「石を通して根元をねじる」を適度な間隔でくり返します。

2

4本を合わせてねじると、でき上がり。

[Gを皮ひもに巻きつけたときの端の始末]

1 5cm

皮ひもに石を通したワイヤーを巻きつけ、仕上がりの位置で輪を作ります。

2

輪の根元にワイヤーを巻き、4本のうち、2本を輪に通します。

3

根元の下側でワイヤー4本を合わせ、ねじります。

4

ワイヤー2本は皮ひもにからませ、石の根元や石に通してカットします。

5

残りの2本は、巻いたワイヤーの中に通してカットします。

6

でき上がり。

H 皮ひもで作るリング

1

皮ひもを希望のサイズで2周し、ワイヤーを巻きます。最後はワイヤーの輪に通して固定し、巻いた部分に通してカットします。

2

ワイヤーに「石を通してねじる」(G-1)をくり返し、1で巻いた部分に巻きつけるとでき上がり(P.92参照)。

I ワイヤーを編む

◎材料／石(数種類を計300個位)、#28ワイヤー6.5m、丸カン14個、七連バー(留具・アジャスター付き)1組、9/0号かぎ針

◎下準備／ワイヤーに、石をランダムに通しておきます。

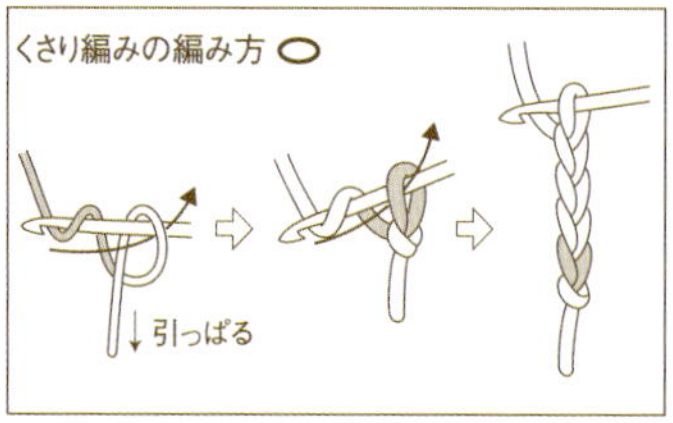

1 かぎ針で、ワイヤーの端からくさりを25目編みます(長さ13cm位の仕上がり。工程**12**を参照)。

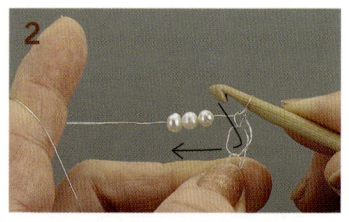

くさり編みの編み方 〇 / 引っぱる

2 さらにくさりを1目編み、石を3個移動し、くさり目に矢印のようにかぎ針を入れます。

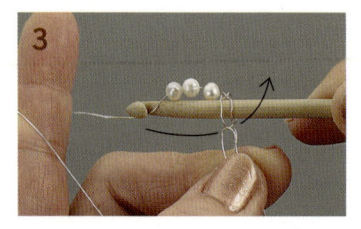

3 針にワイヤーをかけ、矢印のように引き抜きます。

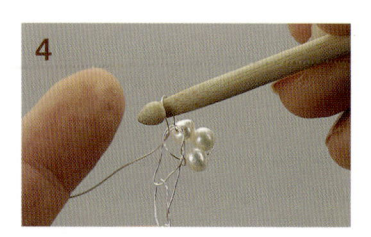

4 1つでき上がり。

5 石を3個移動し、**2〜4**の要領で残りの24目も同様にします。片側の編み終わり。

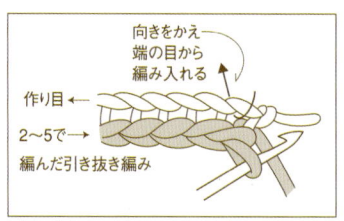

6 石を持ちかえて反対側も同様に編みますが、最初は**5**で編んだ目にもう一度針を入れて編みます。

向きをかえ／端の目から編み入れる／作り目／2〜5で編んだ引き抜き編み

7 ランダムに石を通しているので、大きめの石が並んでいるときは3個を2個に減らします。

48

Technique guide

8

1周めの編み終わり。**1**で編んだくさり25目に編みつけました。

9

2周めは端にくさり1目を編みます。

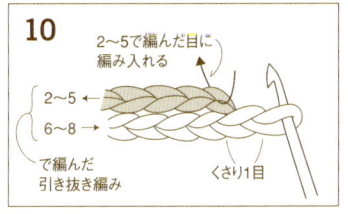

10

2～5で編んだ目に編み入れる
2～5
6～8
で編んだ
引き抜き編み
くさり1目

針を入れる位置は、1周めに編んでできたくさり目に編み入れます。

11

もう片方の端もくさり1目を編んで同様に編み入れ、全体で2周します。

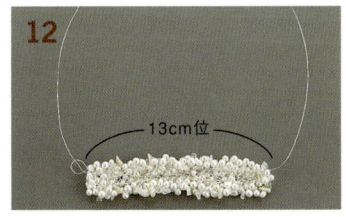

12

13cm位

ワイヤーを10cm残してカットし、編み終わりの輪に通します。

13

ワイヤーを何ヵ所か通し、端を表側に出します。

14

いくつかの石に通し、ペンチでカットします。

15

14を裏側にし、丸カンでワイヤーと七連バーの左右・中央をつなぎます。

16

同様に、七連バーの残りの部分をバランス良くつなぎます。

17

16.5cm

でき上がり。

49

■ひもを使ったテクニック
A つゆ結び

1 中国縄結びひも2本（抹茶色と茶色）に石を通します。

2 抹茶色を芯にして、茶色を指に1周させて輪を作ります。

3 茶色を右手で持ったまま、抹茶色を向こう側にします。

4 茶色を指から外し、抹茶色を輪に通します。

5 抹茶色を矢印の方向に出します。

6 ひもを指にかけて締めます。つゆ結び1回のでき上がり。

7 反対側を結ぶときは、茶色を芯にして**2～6**と同様に結びます。

8 同様にして指定の回数を結びますが、左右とも上下の色は同じになるよう注意します。

9 間隔をあけるときも、同じ要領で結びます。

Technique guide

B 端の始末　＊見やすいよう、2～8はカラーゴムを使用しています。

1
ひもの端は、細い絹ひもを使って始末します。

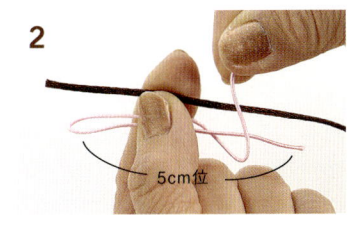

2
絹ひもを端から5cm位で二つ折りし、写真のように輪の根元を交差させます。

3
ひもに巻きつけます。

4
きっちり巻きますが、最初は根元を交差させてゆるまないようにします。

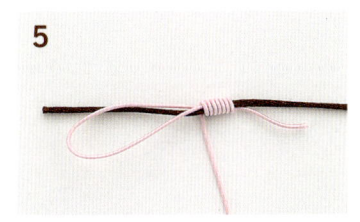

5
巻き終えたところ。

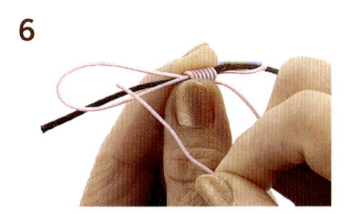

6
巻いたひもを**2**の輪に通します。

7
右のひも端を引いて、輪を縮めます。

8
巻きつけのでき上がり。

9
実際のひもは、**8**が写真のようになります。絹ひもの余分をカットし、ひもの端もカットします。

10
端をライターの火であぶり、固めます。

11
指先に水をつけ、先端を軽く押さえます。

12
でき上がり。

◎ 天然石のいろいろ

天然石は丸玉以外に様々な形があり、この本で使わている主なものは以下のとおりです。

エッグ…卵のような形
オーバル…楕円形
クレオパトラ…ライスと同じような形で、端に通し穴がある
コイン…丸くて平たいもので、平らな部分には通し穴がない
さざれ…形が不揃いで小さな石
スクエア…正方形
樽…樽のような形
タンブル…石の形をそのまま生かし、扱いやすいサイズにカットしたもの
チューブ…細長く、円筒形
ドーナツ…ドーナツのように中央に穴があいている
ティアドロップ…雫のような形で、横に穴があいている
パンプキン…かぼちゃのような形
フラット…表面が平らなもの
ボタン…丸くて平たいもので、洋服のボタンのように中央に穴がある
ポテト…じゃがいものように表面が凸凹している
ライス…お米の形に近いもの
ラウンデル…丸玉の上下を、少し押しつぶしたもの

◆ パール類

6月の誕生石。淡水パールは湖や河に生息するイケチョウ貝やカラス貝から採れる比較的小粒のもので、形状や色の豊富さが魅力。女性の内面的な魅力を輝かせ、リラックス効果がある。マザーオブパールは、主に高瀬貝から採れたもの。持つ人の不安や悩みを母のようなエネルギーで包み込む作用がある。

淡水パール　白

淡水パール　オレンジ

淡水パール　シャンパンカラー・イエロー

淡水パール　グリーン・グレイ

淡水パール　パープル

マザーオブパール

Natural stone guide

◆ピンク～赤系の石

ローズクォーツ
愛の女神ヴィーナスの石で、美的感覚を目覚めさせ恋愛運を高める。和名は紅水晶。

ピンクジェード
願い事を成就させる力を持つジェードの中で、ピンクは特に恋愛運・異性運を高める。

インカローズ
中南米で産出され、別名はロードクロサイト。心に受けた傷を癒す効果がある。

ロードナイト
ギリシャ語のバラが語源で、和名は薔薇輝石。愛情のエネルギーを行動力に変える石。

ルビー原石
7月の誕生石。勝利の石と言われ、困難に打ち勝つ力を持つ。ラテン語の赤色が語源。

ガーネット
1月の誕生石。情熱の石と言われ、愛の絆を強める。赤い外観から和名は柘榴石。

オパール
10月の誕生石。霊的・芸術的な感性を高める力を持ち、愛の願いが叶うと言われる。

レッドアゲート
赤めのうと呼ばれる七宝のひとつ。家族や親子、兄弟を表す石で家族の絆を深める。

コモンオパール
乳白色の半透明なオパールで、地色の美しさが特徴。良質で柔らかく、彫刻が可能。

本サンゴ
聡明さの象徴で、心の混乱や感情を沈める効果がある。

山サンゴ
かつて海だった場所が地形変動によって陸地となり、産出するサンゴ。

枝サンゴ
木の枝の形をしたサンゴ。

サンゴの花彫刻
サンゴに花模様の彫刻をほどこしたもの。

53

◆ 黄色～オレンジ系の石

琥珀
別名アンバー。木の樹液が化石化した黄金の石で、熱すると良い香りを発する。

ルチルクォーツ
別名キューピットストーン。矢のような結晶を内包し、幸福な恋愛と強運を運ぶ。

レモンクォーツ
独特の香りを持つ、レモン色の石。復活の石と言われ、疲労回復や美肌の効果がある。

シトリントパーズ
11月の誕生石。豊かさを象徴する石で、金運を上昇させる。和名は黄水晶。

オレンジムーンストーン
淡いピンク色を帯びた、希少性の高い石。未来の幸福を引き寄せるパワーを持つ。

カーネリアン
ラテン語で新鮮・肉を意味する石。集中力を高め、行動力を引き起こす力を持つ。

シルバーリーフ
ノスタルジックな雰囲気の石で、自己表現を豊かにし、意志を伝える力を強める。

ボツワナアゲート
アフリカのボツワナ族に守護石として珍重される石で、緊張を解き精神を安定させる。

スモーキークォーツ
煙を閉じ込めたように見える石で、和名は煙水晶。否定的感情を解放させる力がある。

◆ 透明な石

クリスタル
ラテン語で氷を意味する日本の国石。潜在能力を引き出し、パワーを与える万能の石。

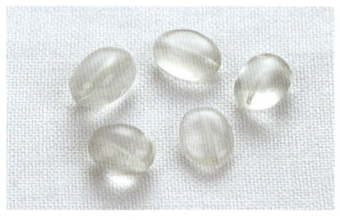

ホワイトムーンストーン
月の女神セレーネの石。ホワイトは珍しい石で、進むべき方向性を教えてくれる。

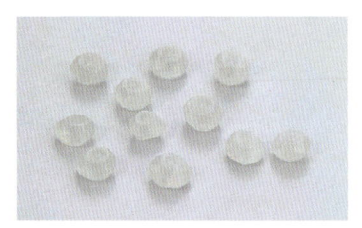

ニュージェイド
知恵と安らぎの石。中国では軟玉と呼ばれ、長寿・健康・富などの意味を持つ。

Natural stone guide

◆ ブルー系の石

アクアマリン
海の水を意味する3月の誕生石。悲しみを癒し、気持ちを安定させる効果がある。

ブルートパーズ
鋭い輝きを放つ石で、体内の不純物や憂鬱な気持ちを取り除く働きを持つ。

アイオライト
別名ウォーターサファイア。多色性が顕著な石で、ダイエット効果がある。

ブルーレース
平和と友情の石。緊張感を取り除き、人間関係を良好にする効果がある。

ブルーアゲート
青色の半透明水晶で、洞察力・判断力をアップさせる石。和名は青めのう。

ハウライト
マットな質感の白色の石を染色したもの。悩みや不安を解決へと導く力を持つ。

ラピスラズリ
ラピスは石、ラズリは青を意味し、強運を招くと言われる世界最古の聖石。

トルコ石
12月の誕生石で、別名はターコイズ。危険から身を守る石として旅のお守りに最適。

ソーダライト
ソーダ分が混入した不透明な群青の石。冷静な思考力、判断力をもたらす。

◆ パープル系の石

アメジスト
2月の誕生石。異性を引き寄せるパワーを持つ官能の石。和名は紫水晶。

◆ マルチカラーの石

インディアンアゲート
名前はインドで産出される事に由来。邪悪な力、否定的な力に対するお守りになる。

55

Natural stone guide

◆グリーン系の石

アマゾナイト
アマゾンの翡翠と言われ、和名は天河石。迷いを取り払い、決断力を高める力を持つ。

グリーンアゲート
和名は緑めのう。勝負運やチャンスをものにする力があり、賭け事のお守りになる。

オリーブジェイド
別名サーペンテイン。緑と黒の蛇に似た模様を持ち、長寿・豊饒(ほうじょう)のお守りになる。

ヒスイ
和名の翡翠は鳥のカワセミを意味する。不運を避け、人生の成功を守護する石。

モスアゲート
水晶内部に苔が生えたように見え、和名は苔めのう。植物の成長を促す効力を持つ。

ペリドット
8月の誕生石。太陽の石と言われ、嫉妬や怒りなどのネガティブな感情を解放する。

◆グレイ〜黒い石

ラブラドライト
ひらめきの石と言われ、虹色の輝きはインスピレーションを高める働きがある。

カルセドニ
精神安定・健康増長に効果のある石で、慈しみの心、やすらぎの心を作り出す。

ヘマタイト
戦いの神マルスの石。自信と勇気をもたらし勝利に導く石で、ビジネスを成功させる。

ブルーサンストーン
宇宙のような輝きを持つ神秘的な石。ゴールドサンストーンに染色した人工石。

ブラックトルマリン
別名は電気石。マイナスイオンを発し、癒しとリラックスの効果がある。

オニキス
出会いと別れを司る審判のような石。結論が出ないときや決別のお守りに最適。

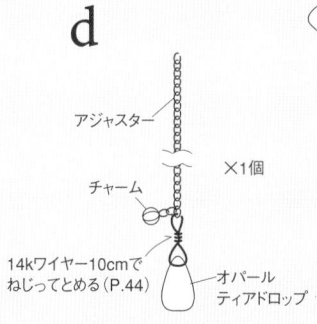

ピンクオパールのネックレス&ピアス　… page.5

ピアスは61ページ

■ 材料
□ ネックレス（金具は指定以外18K）
淡水パール丸玉4mm　オレンジピンク　46個
クリスタルオーバル5mm×7mm　27個
オパールティアドロップ6mm×9mm　ピンク　6個
18K丸玉3mm　ミラーボール　6個
丸カン直径4mm　4個
丸カン直径3mm　7個
留具　1組
ボールチップ　4個
つぶし玉　4個
カゴのチャーム付アジャスター　5cm×1本
チェーン　2cm×1本、1.5cm×2本、1cm×2本
14Kワイヤー　60cm×1本、10cm×6本
ナイロンコートワイヤー0.36mm　20cm×2本
幅0.3cmのスエードのひも　90cm×2本（付け替え用）
□ ピアス
クリスタルオーバル5mm×7mm　6個
オパールティアドロップ6mm×9mm　ピンク　2個
18K丸玉2.5mm　ミラーボール　10個
14KS型ダイヤカット　2cm　2個
丸カン直径3mm　2個
ピアス金具　1組
14Kワイヤー　20cm×2本、10cm×2本
■ でき上がりサイズ
□ ネックレス　首まわり41cm
□ ピアス　長さ6.5cm（金具を除く）

ネックレス

⑧ 丸カンで留め具とアジャスターをつける
丸カン3mm
丸カン4mm
留具
丸カン3mm
丸カン4mm
通し始め
通し始め
⑤ 20cmのナイロンコートワイヤーの端をボールチップで始末する（P.42）
18kミラーボール
⑥ ビーズを通す
23個
淡水パール丸玉4mm
スエードのひも90cm
スエードのひも90cm
⑦ ワイヤーの端をボールチップで始末する（P.42）
⑨ 丸カン4mmを通す。この丸カンで下側のワイヤーとつなげる
0.8cm
0.8cm
通し始め
② 14kワイヤーをねじって輪にする（P.42）
18kミラーボール
クリスタルオーバル
クリスタルの間はねじる
④と同様にねじって輪にする（P.42）
③ ビーズとa～cのパーツを通しながらワイヤーをねじる（P.42）
中央

d
c　b　a　b　c

① ビーズを通して金具をつける

a～c
丸カン3mm
チェーン
a.2cm×1個
b.1.5cm　各2個
c.1cm
※チェーンの長さを変える
14kワイヤー10cmでねじってとめる（P.44）
オパールティアドロップ

① ビーズを通して金具をつける

d
アジャスター
チャーム
×1個
14kワイヤー10cmでねじってとめる（P.44）
オパールティアドロップ

※上側をつけずにひもにする時は下側の輪にひもを通し、端を結ぶ

57

カーネリアンのネックレス＋ブレスレット＋ピアス　…page.4

■ 材料（金具はすべて金）
□ ネックレス
淡水パール平丸3mm×5mm　オレンジピンク　76個
カーネリアンさざれ石　36個
カーネリアン丸玉カット8mm　2個
カーネリアン丸玉カット7mm　6個
18Kドーナツ型ダイヤカット4.5mm　12個
丸カン直径3mm　2個
ボールチップ　2個
つぶし玉　2個
カニカン　1個
板カン　1個
ナイロンコートワイヤー0.4mm　金色　60cm
テグス2号　40cmを3本
□ ブレスレット
淡水パール平丸　オレンジピンク　26個
カーネリアンさざれ石　24個
カーネリアン丸玉カット7mm　4個
カーネリアン丸玉4mm　2個
18Kドーナツ型ダイヤカット4.5mm　6個
9ピン20mm　2本
Tピン40mm　1本
丸カン直径3mm　5個
ボールチップ　2個
つぶし玉　2個
カニカン　1個
板カン　1個
チェーン　1.5cm
ナイロンコートワイヤー0.4mm　金色　30cm
テグス2号　40cmを2本

□ ピアス
淡水パール平丸　オレンジピンク　4個
カーネリアンさざれ石　24個
カーネリアン丸玉カット7mm　2個
カーネリアン丸玉4mm　4個
18Kドーナツ型ダイヤカット4.5mm　4個
9ピン40mm　2本
Tピン40mm　2本
丸カン直径3mm　4個
ピアス金具　1組
テグス2号　40cmを2本

■ でき上がりサイズ
□ ネックレス　首まわり41cm
□ ブレスレット　手首まわり17cm
□ ピアス　長さ5cm（金具を除く）

※ネックレスは②、③の工程はありません

① テグス40cmにカーネリアンさざれ石を通してビーズボールを作る(P.43)
※ネックレスは3個、ブレスレットは2個ずつ作る

② ビーズをTピン、9ピンに通し、ねじってとめる(P.44)

④ ワイヤーの端をボールチップで始末する(P.42)
⑤ ビーズとビーズボールを通す
⑥ ワイヤーの端をボールチップで始末する(P.42)
⑦ 丸カンでカニカンと板カン、ブレスレットはアジャスターをつなぐ

③ ②のパーツを金具とつなぐ

淡水パールのネックレス　…page.7

■材料
淡水パール丸玉　ホワイト8.5mm　51個
18Kミラーボール3mm　52個
つぶし玉　4個
18K丸カン3mm　6個
シルバーマグネット（バラ）　1個
18KS型パイプ16mm　1個
18K星型13mm　1個
ナイロンコートワイヤー0.36mm　シルバー　90cm
■でき上がりサイズ
□長さ60cm（フリー）

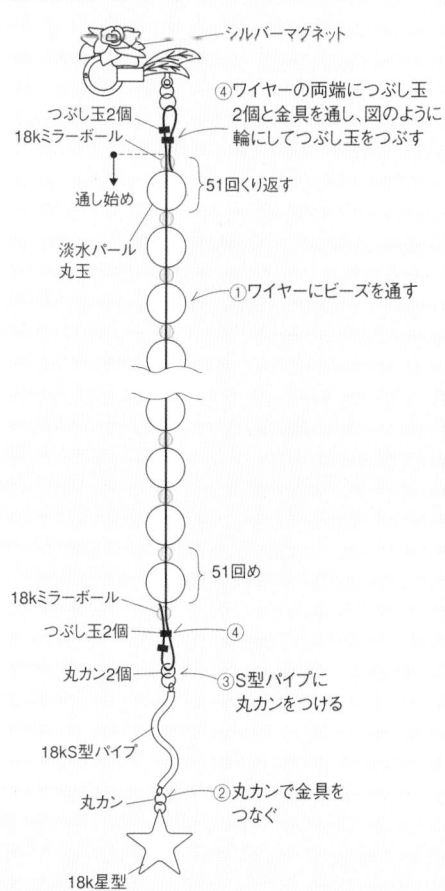

- シルバーマグネット
- つぶし玉2個
- 18kミラーボール
- 通し始め
- 淡水パール丸玉
- ④ワイヤーの両端につぶし玉2個と金具を通し、図のように輪にしてつぶし玉をつぶす
- 51回くり返す
- ①ワイヤーにビーズを通す
- 51回目
- 18kミラーボール
- つぶし玉2個　④
- 丸カン2個
- ③S型パイプに丸カンをつける
- 18kS型パイプ
- 丸カン
- ②丸カンで金具をつなぐ
- 18k星型

ルビー原石のネックレス　…page.8

■材料
ローズクォーツスクエアカット12mm　2個
ルビー原石丸玉10mm　1個
ルビー原石丸玉6mm　20個
ピンクのゴムひも　50cmを2本
■でき上がりサイズ
□首まわり42cm（フリー）

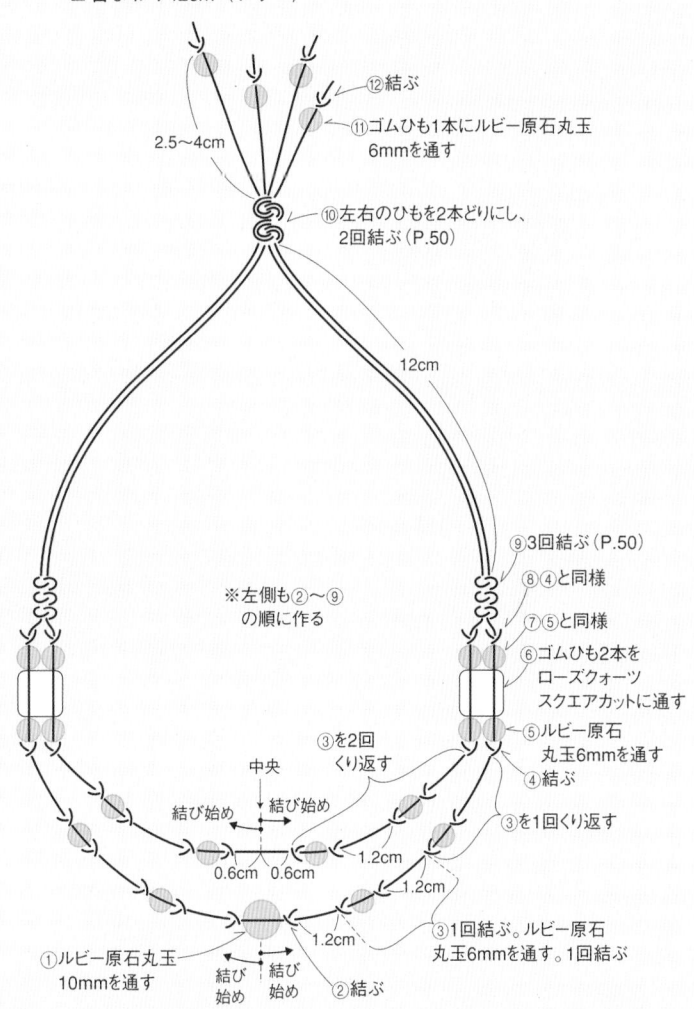

- 2.5～4cm
- ⑫結ぶ
- ⑪ゴムひも1本にルビー原石丸玉6mmを通す
- ⑩左右のひもを2本どりにし、2回結ぶ（P.50）
- 12cm
- ※左側も②～⑨の順に作る
- ⑨3回結ぶ（P.50）
- ⑧④と同様
- ⑦⑤と同様
- ⑥ゴムひも2本をローズクォーツスクエアカットに通す
- ⑤ルビー原石丸玉6mmを通す
- ④結ぶ
- ③を1回くり返す
- 1.2cm
- ③を2回くり返す
- 中央
- 結び始め　結び始め
- 0.6cm　0.6cm　1.2cm
- 1.2cm
- ③1回結ぶ。ルビー原石丸玉6mmを通す。1回結ぶ
- ①ルビー原石丸玉10mmを通す
- ②結ぶ
- 結び始め　結び始め

ローズクォーツとラブラドライトのネックレス＋ブレスレット＋ピアス＋イヤリング　…page.6

■材料（金具は指定以外ピンクゴールド）
□ネックレス
ブルーレース丸玉3mm　42個
ローズクォーツ丸玉カット8mm　21個
ラブラドライト丸玉6mm　21個
9ピン30mm　21本
9ピン20mm　21本
丸カン直径4mm　46個
留具　1組
□ブレスレット
ブルーレース丸玉3mm　16個
ローズクォーツ丸玉カット8mm　8個
ラブラドライト丸玉6mm　10個
淡水パール丸玉4mm　ピンク　27個
9ピン30mm　8本
9ピン20mm　36本
玉付ピン20mm　1本
丸カン直径4mm　33個
幅1.4cmの三連バー　1組
引輪　1個
アジャスター　5cm×1本
□ピアス
ブルーレース丸玉3mm　4個
ローズクォーツ丸玉カット8mm　2個
ラブラドライト丸玉6mm　2個
淡水パール丸玉4mm　ピンク　6個
9ピン30mm　2本
9ピン20mm　8本
丸カン直径4mm　2個
丸カン直径3mm　4個
チェーン　1.5cm×2本
ピアス金具　銅古美　1組
□イヤリング
ブルーレース丸玉3mm　8個
ローズクォーツ丸玉カット8mm　4個
ラブラドライト丸玉6mm　4個
淡水パール丸玉4mm　ピンク　4個
Tピン30mm　4本
9ピン20mm　8本
丸カン直径3mm　6個
チェーン　1cm×2本
イヤリング金具　1組

■でき上がりサイズ
□ネックレス　首まわり38cm
□ブレスレット　手首まわり18cm（アジャスターを除く）
□ピアス　6cm（金具は除く）
□イヤリング　5cm（金具は除く）

ネックレス、ブレスレット、ピアス、イヤリング共通

①9ピン、Tピンにビーズを通し、パーツを作る

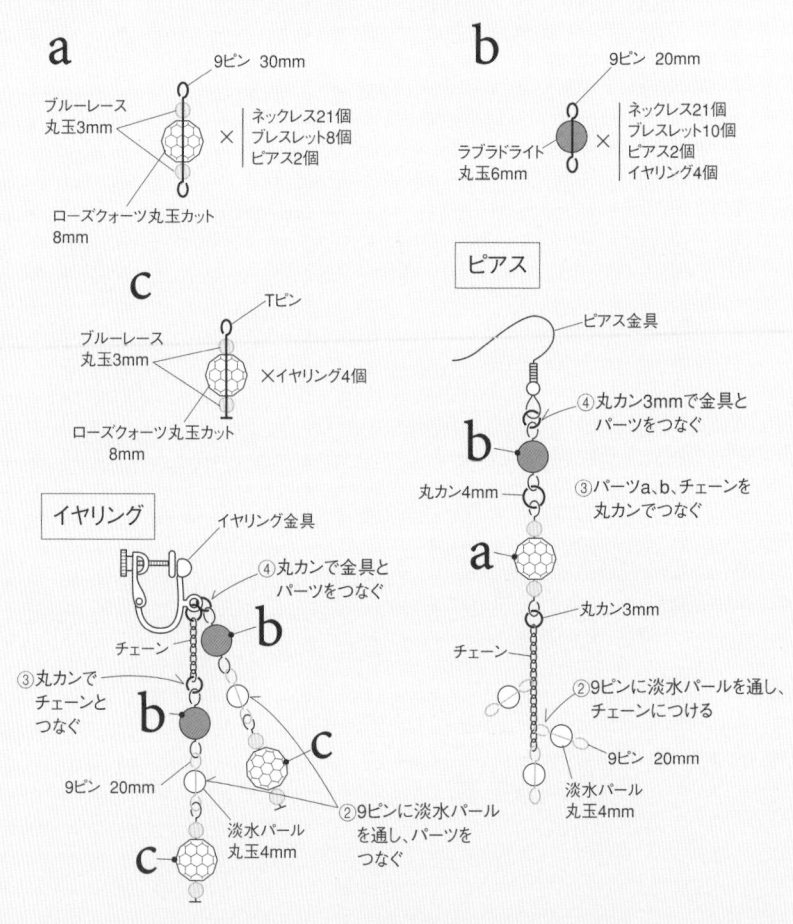

a
9ピン　30mm
ブルーレース丸玉3mm
ローズクォーツ丸玉カット8mm
× ネックレス21個 ブレスレット8個 ピアス2個

b
9ピン　20mm
ラブラドライト丸玉6mm
× ネックレス21個 ブレスレット10個 ピアス2個 イヤリング4個

c
Tピン
ブルーレース丸玉3mm
ローズクォーツ丸玉カット8mm
×イヤリング4個

ピアス
ピアス金具
④丸カン3mmで金具とパーツをつなぐ
丸カン4mm
③パーツa、b、チェーンを丸カンでつなぐ
丸カン3mm
チェーン
②9ピンに淡水パールを通し、チェーンにつける
9ピン　20mm
淡水パール丸玉4mm

イヤリング
イヤリング金具
④丸カンで金具とパーツをつなぐ
チェーン
③丸カンでチェーンとつなぐ
9ピン　20mm
淡水パール丸玉4mm
②9ピンに淡水パールを通し、パーツをつなぐ

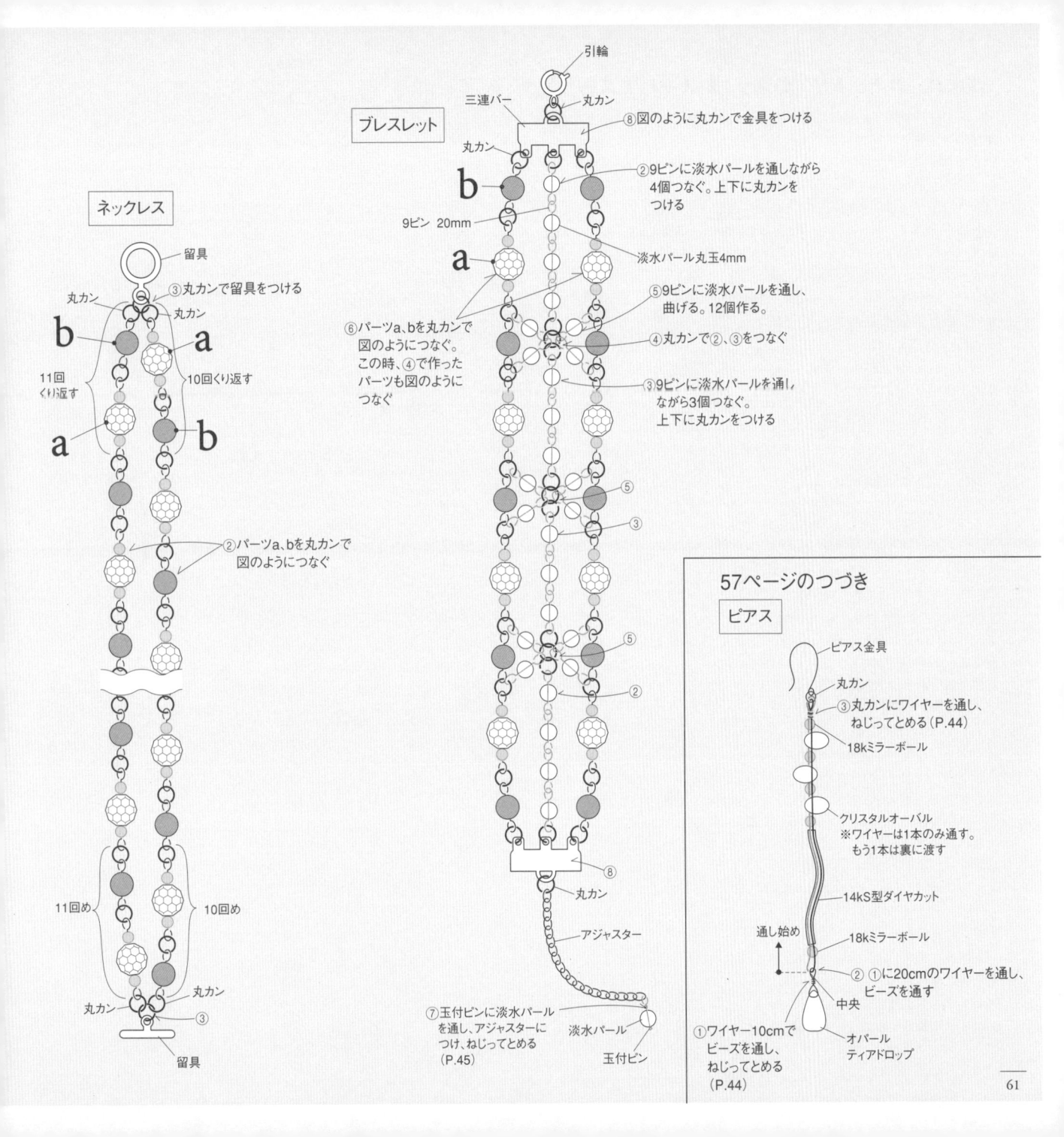

ネックレス

- 留具
- 丸カン
- ③丸カンで留具をつける
- 丸カン
- b
- a
- 11回くり返す
- 10回くり返す
- a
- b
- ②パーツa、bを丸カンで図のようにつなぐ
- 11回め
- 10回め
- 丸カン
- ③
- 留具

ブレスレット

- 引輪
- 三連バー
- 丸カン
- ⑧図のように丸カンで金具をつける
- 丸カン
- b
- 9ピン 20mm
- ②9ピンに淡水パールを通しながら4個つなぐ。上下に丸カンをつける
- a
- 淡水パール丸玉4mm
- ⑤9ピンに淡水パールを通し、曲げる。12個作る。
- ⑥パーツa、bを丸カンで図のようにつなぐ。この時、④で作ったパーツも図のようにつなぐ
- ④丸カンで②、③をつなぐ
- ③9ピンに淡水パールを通しながら3個つなぐ。上下に丸カンをつける
- ⑤
- ③
- ②
- ⑧
- 丸カン
- アジャスター
- ⑦玉付ピンに淡水パールを通し、アジャスターにつけ、ねじってとめる(P.45)
- 淡水パール
- 玉付ピン

57ページのつづき

ピアス

- ピアス金具
- 丸カン
- ③丸カンにワイヤーを通し、ねじってとめる(P.44)
- 18kミラーボール
- クリスタルオーバル
- ※ワイヤーは1本のみ通す。もう1本は裏に渡す
- 14kS型ダイヤカット
- 18kミラーボール
- 通し始め
- ②①に20cmのワイヤーを通し、ビーズを通す
- 中央
- ①ワイヤー10cmでビーズを通し、ねじってとめる(P.44)
- オパールティアドロップ

61

淡水パールとシトリンのネックレス＋ピアス＋リング　…page.9

ネックレス、ピアス、リング共通

■ 材料（金具はすべてシルバー）
□ ネックレス
シトリントパーズボタン6mm×4mm　17個
シトリントパーズさざれ石　ブランデーカラー　16個
シトリントパーズオーバルカット9mm×12mm　6個
淡水パールポテト3mm　オレンジ　13個
マザーオブパール桜花型15mm　3個
淡水パールポテト6mm　ゴールド　3個
オパール丸玉8mm　イエロー　1個
シルバーパーツ　4個
玉付ピン30mm　3本
丸カン直径4mm　7個
引輪　1個
板カン　1個
チェーン　5cm
シルバーワイヤー0.5mm　3m
□ ピアス
シトリントパーズボタン6mm×4mm　2個
淡水パールポテト3mm　オレンジ　2個
マザーオブパール桜花型15mm　2個
淡水パールポテト6mm　ゴールド　2個
オパール丸玉8mm　イエロー　2個
シルバーパーツ　8個
玉付ピン30mm　6本
丸カン直径4mm　10個
ピアス金具　1組
チェーン　4.5cm×2本
シルバーワイヤー0.5mm　40cm
□ リング
シトリントパーズさざれ石　ブランデーカラー　6個
淡水パールポテト3mm　オレンジ　8個
淡水パールポテト6mm　ゴールド　1個
淡水パールポテト5mm　淡茶　1個
オパール丸玉8mm　イエロー　1個
玉付ピン30mm　1本
丸カン　直径4mm　1個
シルバーワイヤー0.5mm　45cm
■ でき上がりサイズ
□ ネックレス　首まわり44cm
□ ピアス　長さ6.5cm（金具は除く）
□ リング　フリー

①ワイヤーや玉付ピンにビーズを通し、パーツを作る
※指定以外は、端をねじってとめる（P.45）

a　〈裏側〉　ワイヤー　マザーオブパール桜花型　ワイヤーの片方の端を輪にする　×｜ネックレス1個　ピアス2個

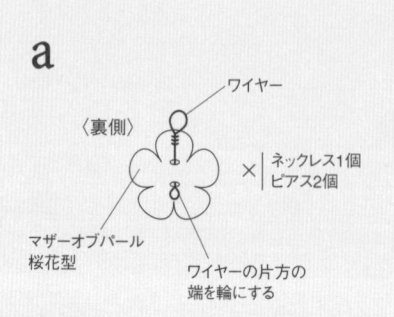

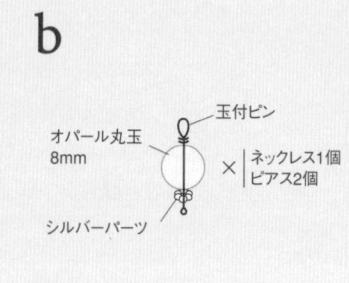

b　オパール丸玉8mm　玉付ピン　シルバーパーツ　×｜ネックレス1個　ピアス2個

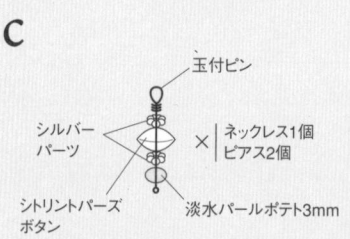

c　シルバーパーツ　玉付ピン　シトリントパーズボタン　淡水パールポテト3mm　×｜ネックレス1個　ピアス2個

d　玉付ピン　淡水パールポテト6mm　シルバーパーツ　×｜ネックレス1個　ピアス2個　リング1個

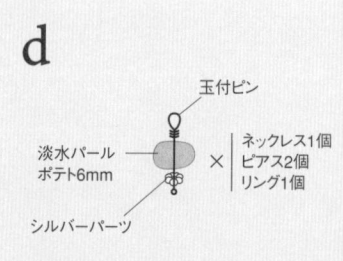

e　ワイヤー　シトリントパーズオーバルカット　淡水パールポテト3mm　×ネックレス6個

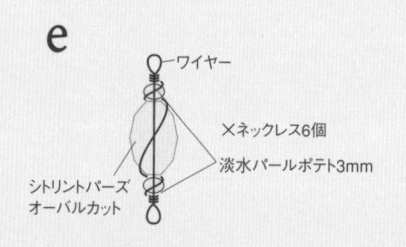

※ワイヤーの渡し方は45ページ

f　〈裏側〉　ワイヤー　マザーオブパール桜花型　×ネックレス2個

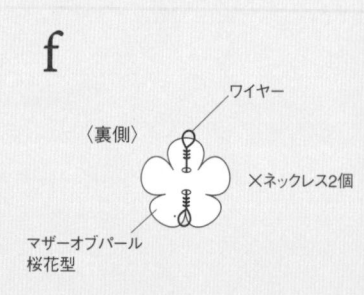

g　ワイヤー　シトリントパーズボタン　淡水パールポテト6mm　×ネックレス2個

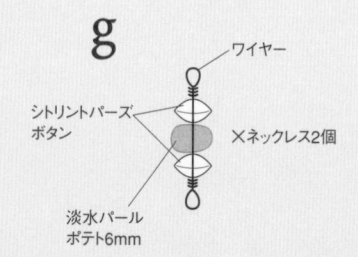

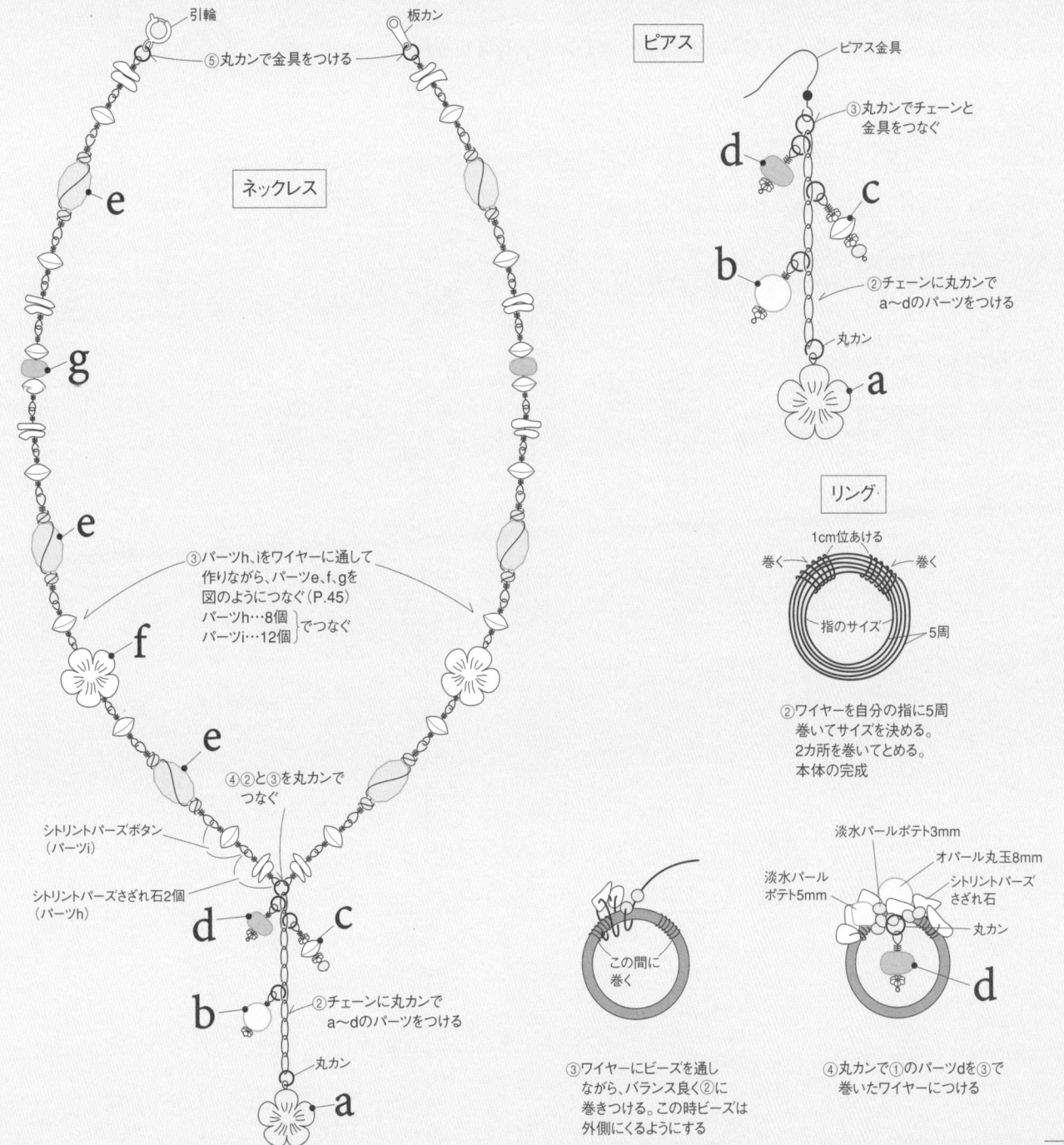

ネックレス

- 引輪
- 板カン
- ⑤丸カンで金具をつける
- e
- g
- e
- ③パーツh、iをワイヤーに通して作りながら、パーツe、f、gを図のようにつなぐ（P.45）
  - パーツh…8個
  - パーツi…12個 でつなぐ
- f
- e
- ④②と③を丸カンでつなぐ
- シトリントパーズボタン（パーツi）
- シトリントパーズさざれ石2個（パーツh）
- d
- c
- b
- ②チェーンに丸カンでa～dのパーツをつける
- 丸カン
- a

ピアス

- ピアス金具
- ③丸カンでチェーンと金具をつなぐ
- d
- c
- b
- ②チェーンに丸カンでa～dのパーツをつける
- 丸カン
- a

リング

- 1cm位あける
- 巻く
- 巻く
- 指のサイズ
- 5周
- ②ワイヤーを自分の指に5周巻いてサイズを決める。2カ所を巻いてとめる。本体の完成

- 淡水パールポテト3mm
- オパール丸玉8mm
- 淡水パールポテト5mm
- シトリントパーズさざれ石
- 丸カン
- この間に巻く
- ③ワイヤーにビーズを通しながら、バランス良く②に巻きつける。このときビーズは外側にくるようにする
- d
- ④丸カンで①のパーツdを③で巻いたワイヤーにつける

オレンジムーンストーンと淡水パールのネックレス&ブレスレット … page.10

■材料（金具はすべてシルバー）
□ネックレス
マザーオブパール丸玉2mm　215個
オレンジムーンストーンさざれ石　75個
淡水パールクレオパトラ5mm×7mm　オレンジピンク　50個
淡水パールポテト4mm　イエロー　25個
カーネリアン三角カット7mm×18mm　1個
テグス2号　120cm
□ブレスレット
マザーオブパール丸玉2mm　103個
オレンジムーンストーンさざれ石　33個
淡水パールクレオパトラ5mm×7mm　オレンジピンク　22個
淡水パールポテト4mm　イエロー　11個
カーネリアン三角カット7mm×18mm　1個
テグス2号　60cm
■でき上がりサイズ
□ネックレス　首まわり41cm
□ブレスレット　手首まわり18cm

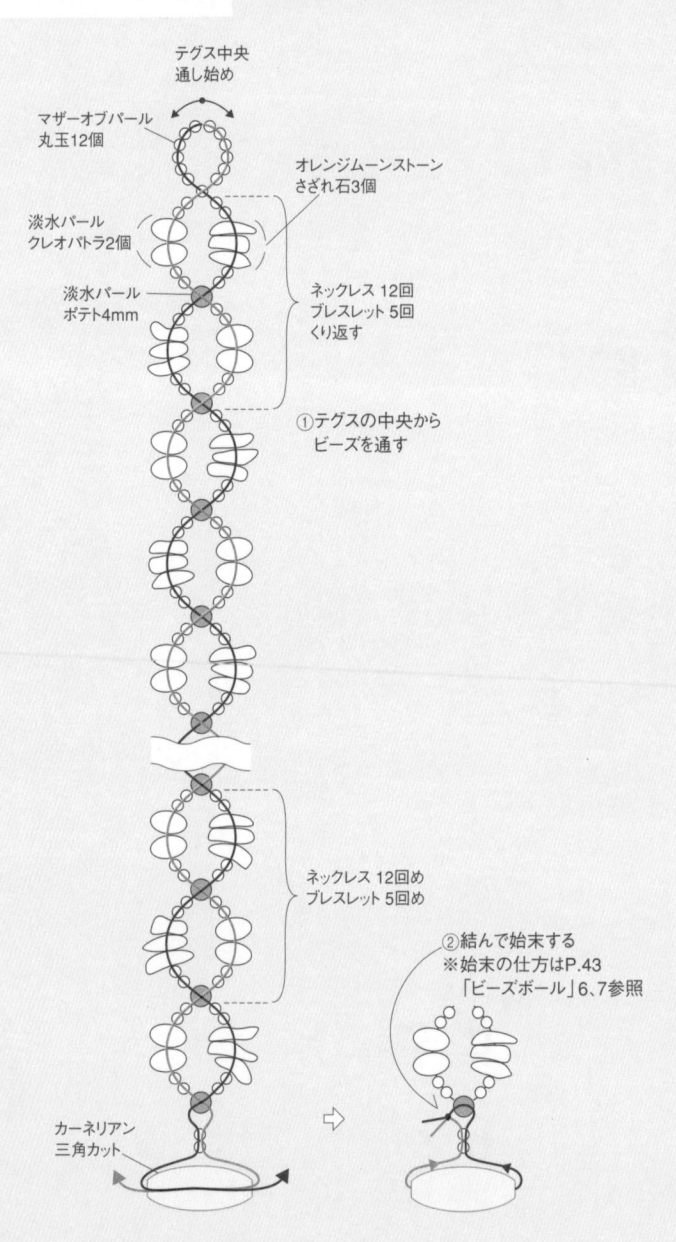

テグス中央通し始め
マザーオブパール丸玉12個
オレンジムーンストーンさざれ石3個
淡水パールクレオパトラ2個
淡水パールポテト4mm
ネックレス 12回
ブレスレット 5回
くり返す
①テグスの中央からビーズを通す
ネックレス 12回め
ブレスレット 5回め
カーネリアン三角カット
②結んで始末する
※始末の仕方はP.43「ビーズボール」6、7参照

淡水パールのネックレス＆ブレスレット　…page.11

■ 材料（金具はすべてシルバー）
□ ネックレス
淡水パールポテト4mm　白　150個
淡水パール丸玉5mm　白　100個
淡水パールフラット　白　約5mm　75個
淡水パールフラット　白　約4mm　250個
オパールさざれ石　白　50個
クリスタルさざれ石　85個
クリスタル丸玉カット4mm　40個
丸カン直径4mm　2個
Cカン3mm×2mm　2個
留具　1組
#28ワイヤー　10m
9/0号かぎ針

□ ブレスレット
淡水パールポテト4mm　白　60個
淡水パール丸玉5mm　白　40個
淡水パールフラット　白　約5mm　30個
淡水パールフラット　白　約4mm　100個
淡水パールハート型　10mm×11mm　1個
オパールさざれ石　白　20個
クリスタルさざれ石　35個
クリスタル丸玉カット4mm　15個
玉付Tピン30mm　1本
丸カン直径4mm　14個
七連バー（留具・アジャスター付き）　1組
#28ワイヤー　6.5m
9/0号かぎ針

■ でき上がりサイズ
□ ネックレス　首まわり38cm
□ ブレスレット　手首まわり17cm

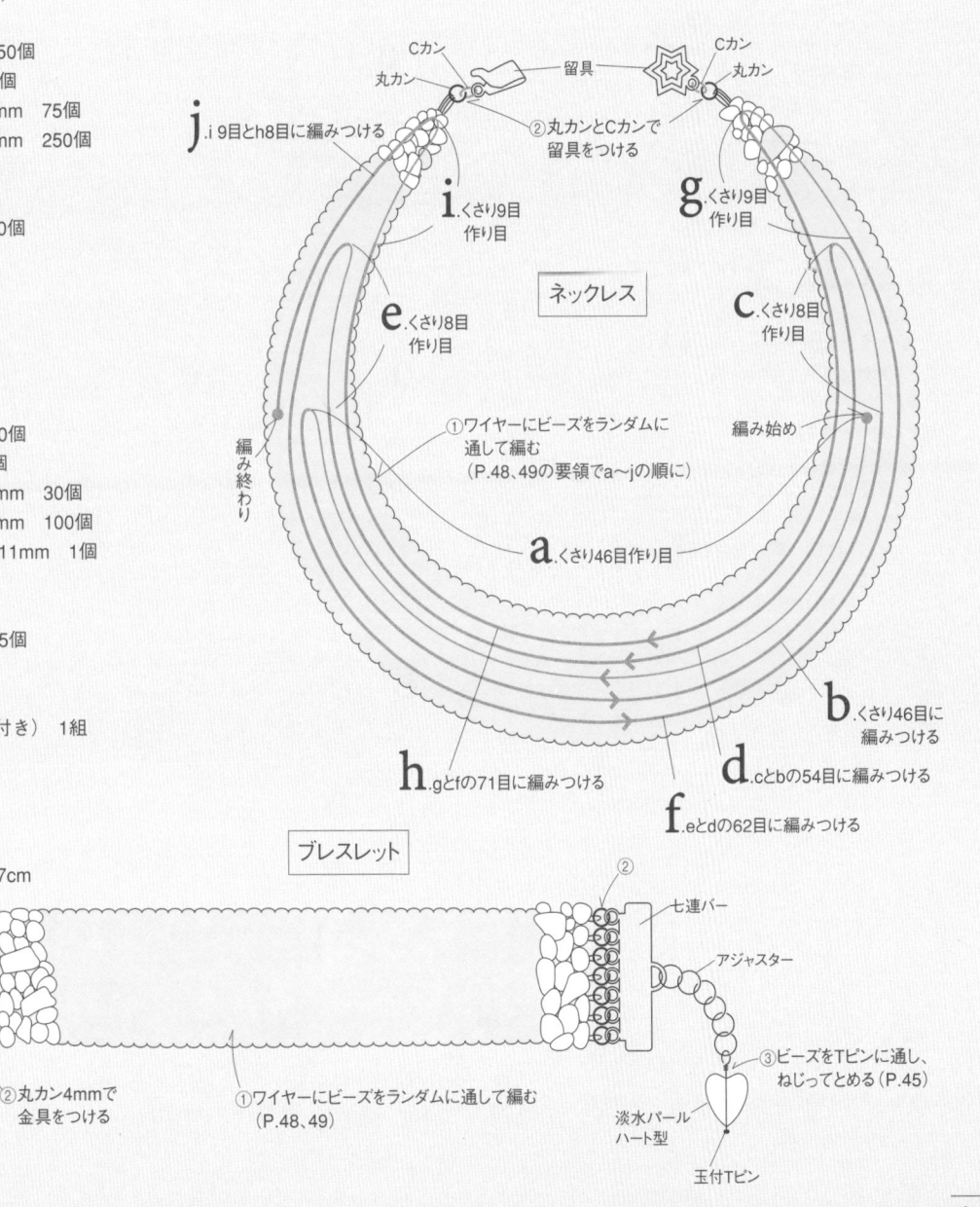

ネックレス

- Cカン／丸カン／留具
- ②丸カンとCカンで留具をつける
- j. i 9目とh 8目に編みつける
- i. くさり9目作り目
- g. くさり9目作り目
- e. くさり8目作り目
- c. くさり8目作り目
- 編み終わり
- 編み始め
- ①ワイヤーにビーズをランダムに通して編む（P.48、49の要領でa～jの順に）
- a. くさり46目作り目
- b. くさり46目に編みつける
- h. gとfの71目に編みつける
- d. cとbの54目に編みつける
- f. eとdの62目に編みつける

ブレスレット

- 七連バー
- 留具
- ②丸カン4mmで金具をつける
- ①ワイヤーにビーズをランダムに通して編む（P.48、49）
- アジャスター
- ③ビーズをTピンに通し、ねじってとめる（P.45）
- 淡水パールハート型
- 玉付Tピン

インカローズのネックレス　…page.12

■材料（金具はすべて金古美）
ソーダライトバラ型18mm　1個
ブルーレーススクエアカット10mm×14mm　2個
ブルーレース丸玉6mm　9個
アマゾナイトバラ型10mm　1個
アマゾナイト丸玉6mm　2個
トルコ石スクエア十字カット8mm　1個
インカローズさざれ石　47個
カーネリアン丸玉カット8mm　2個
カーネリアン丸玉カット7mm　4個
トルコ石さざれ石　10個
インカローズ丸玉5mm　5個
ロードナイト丸玉カット4mm　5個
9ピン30mm　3本
9ピン25mm　40本
Tピン25mm　6本
丸カン直径5mm　6個
丸カン直径4mm　45個
直径24mm座金　1個
チェーン　1.5mを1本、1cmを2本
カニカン　1個
真ちゅうワイヤー0.3mm　金色　70cm

■でき上がりサイズ
□首まわり40cm

①Tピン、9ピンにビーズを通し、パーツを作る

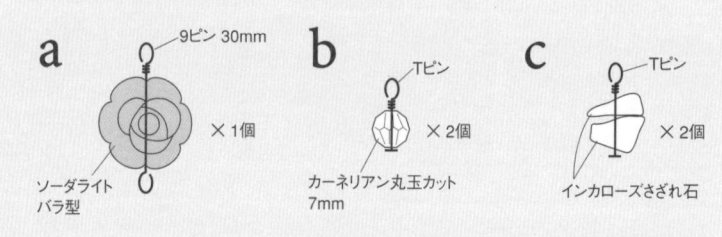

a 9ピン 30mm　×1個　ソーダライトバラ型

b Tピン　×2個　カーネリアン丸玉カット7mm

c Tピン　×2個　インカローズさざれ石

※a〜eは上をねじってとめる（P.45）

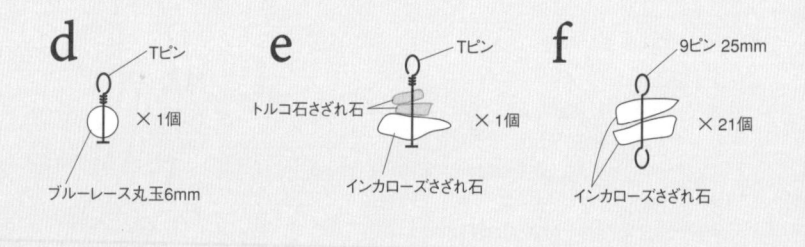

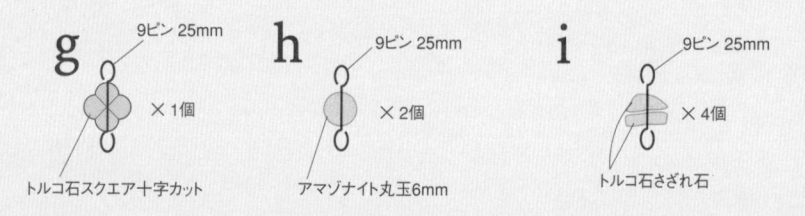

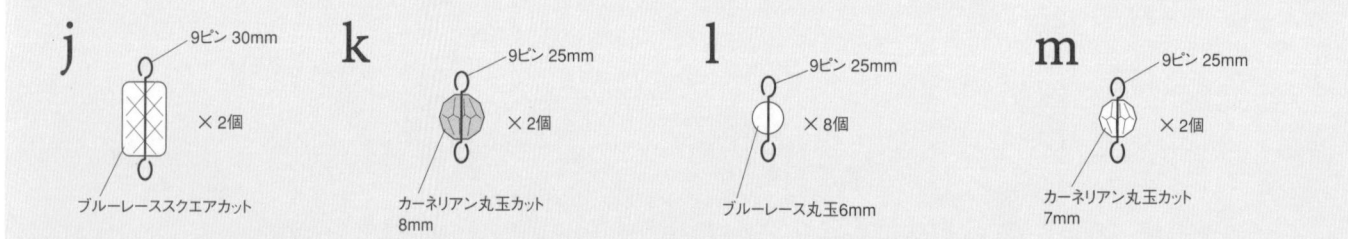

d Tピン　×1個　ブルーレース丸玉6mm

e Tピン　×1個　トルコ石さざれ石／インカローズさざれ石

f 9ピン 25mm　×21個　インカローズさざれ石

g 9ピン 25mm　×1個　トルコ石スクエア十字カット

h 9ピン 25mm　×2個　アマゾナイト丸玉6mm

i 9ピン 25mm　×4個　トルコ石さざれ石

j 9ピン 30mm　×2個　ブルーレーススクエアカット

k 9ピン 25mm　×2個　カーネリアン丸玉カット8mm

l 9ピン 25mm　×8個　ブルーレース丸玉6mm

m 9ピン 25mm　×2個　カーネリアン丸玉カット7mm

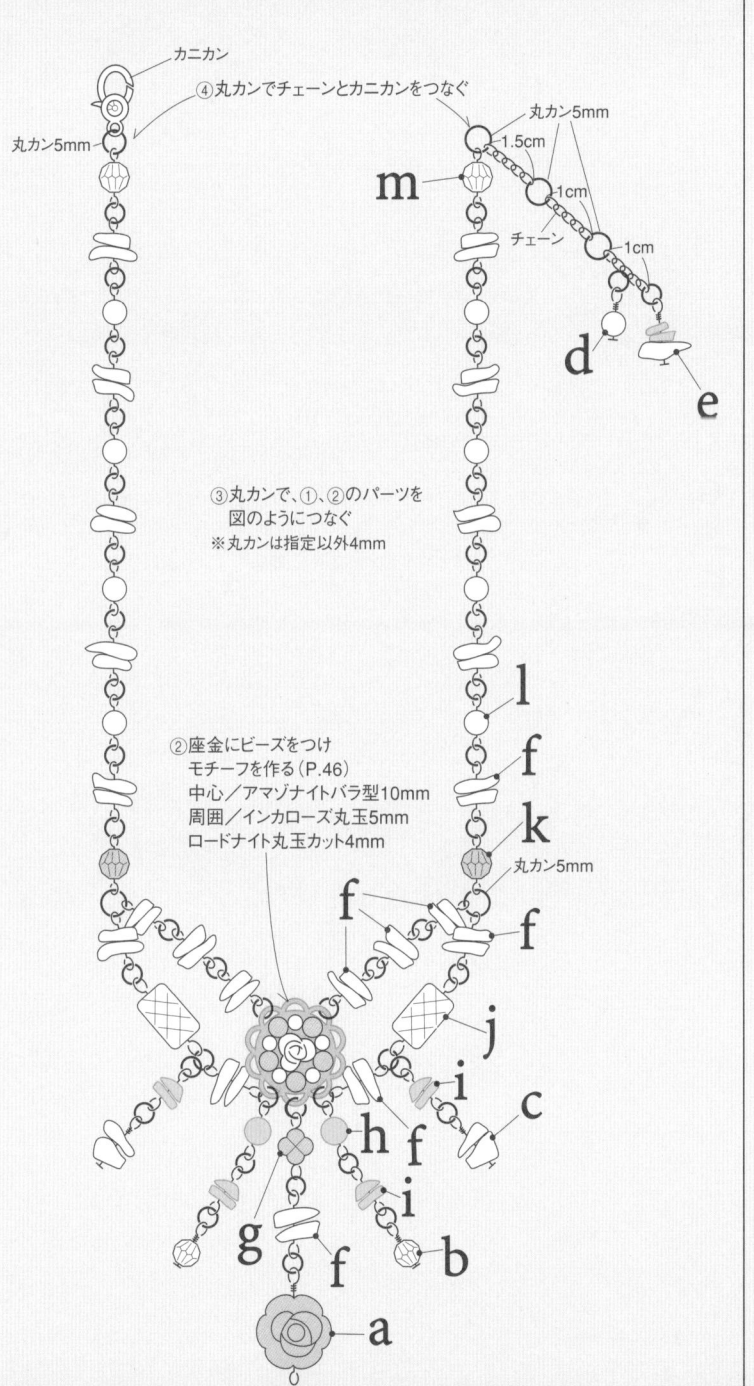

70ページのつづき

ブレスレット

カニカン

④丸カンでチェーンとカニカンをつなぐ

丸カン5mm

丸カン5mm　1.5cm
チェーン　1cm
1cm

m

d

e

③丸カンで、①、②のパーツを図のようにつなぐ
※丸カンは指定以外4mm

②座金にビーズをつけモチーフを作る(P.46)
中心／アマゾナイトバラ型10mm
周囲／インカローズ丸玉5mm
ロードナイト丸玉カット4mm

l
f
k
丸カン5mm
f
f
j
c
i
h
f
i
g
f　b
a

①インカローズスクエアカットにワイヤーを通し、ねじってとめる(P.45)
※ワイヤーは2本どりで使用する

a
b
d　e
f　c

②〈ネックレス〉②と同様

③〈ネックレス〉③と同様

⑤②～④を丸カン3mmで図のようにつなぐ

④ビーズをワイヤーに通して作りながら、パーツd、eをつなぐ(P.45)

板カン

⑥Tピンにビーズを通して曲げる。アジャスターに丸カン3mmでつける

⑦丸カン4mmで金具をつける

アジャスター

Tピン

トルコ石丸玉4mm

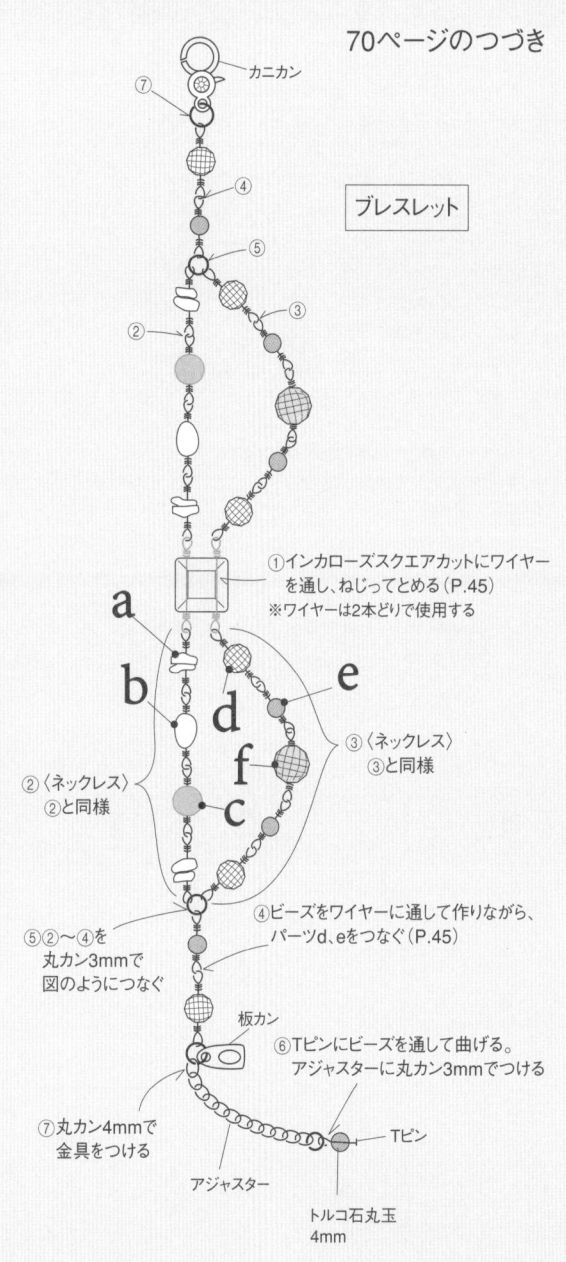

トルコ石のネックレス … page.14

■ 材料（金具はすべてシルバー）
淡水パールポテト5mm　グレイ　50個
トルコ石丸玉4mm　44個
トルコ石タンブル約6mm×9mm　5個
トルコ石丸玉カット6mm　2個
トルコ石タンブル約12mm×18mm　1個
シルバーパーツ　2個
Tピン　30mm　1本
丸カン直径5mm　34個
丸カン直径7mm　1個
引輪　1個
板カン　1個
ワイヤー0.5mm　30cmを2本、90cmを1本

■ でき上がりサイズ
□ 首まわり44cm

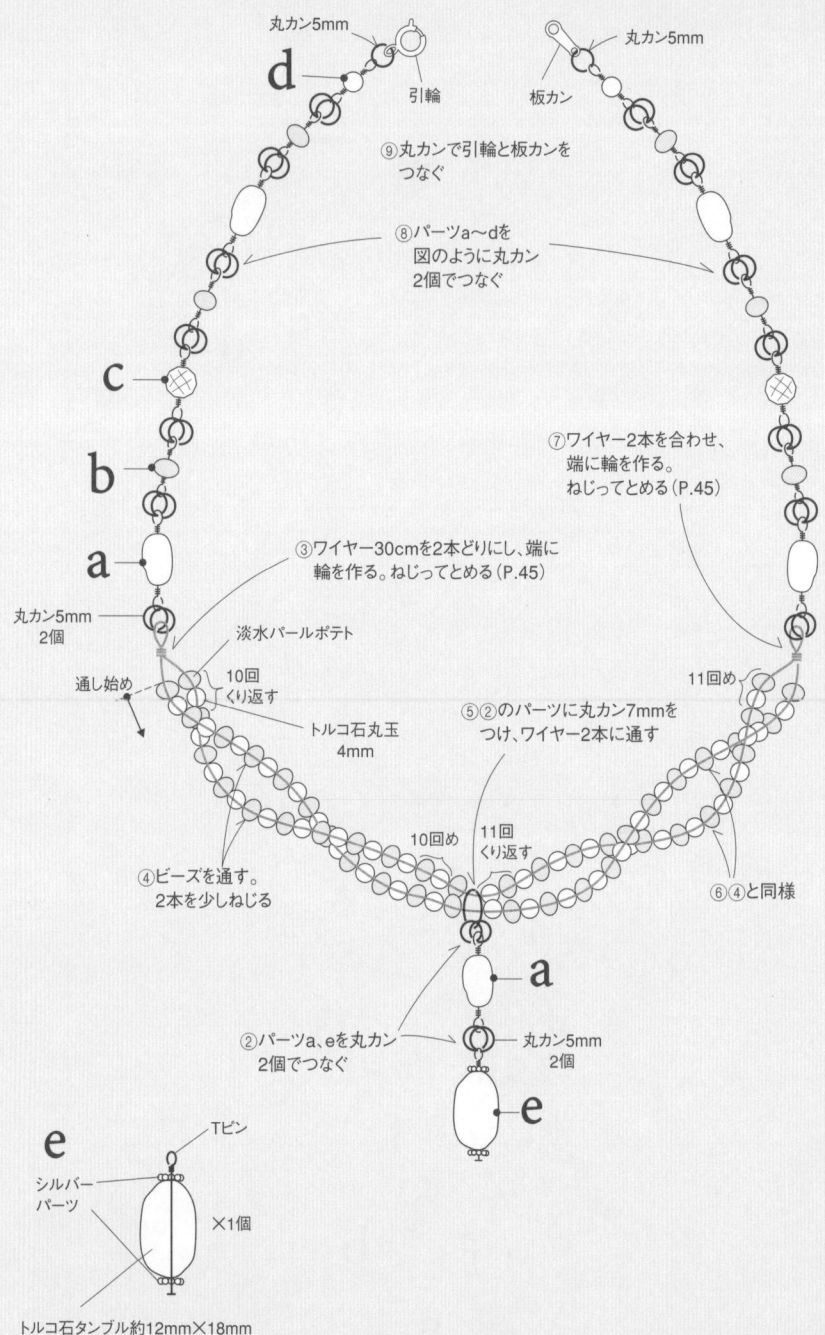

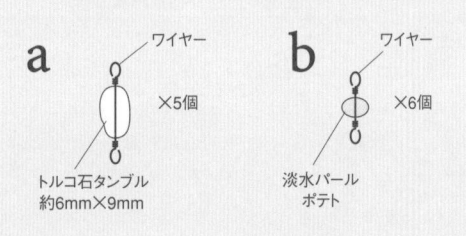

① ビーズをワイヤーとTピンに通し、ねじってとめる(P.45)。パーツを作る

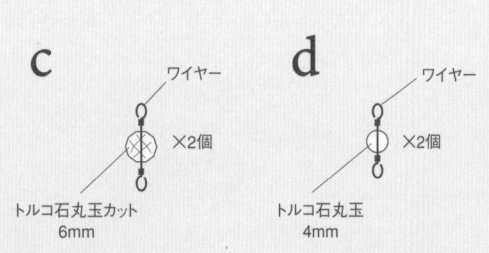

② パーツa、eを丸カン2個でつなぐ

③ ワイヤー30cmを2本どりにし、端に輪を作る。ねじってとめる(P.45)

④ ビーズを通す。2本を少しねじる

⑤ ②のパーツに丸カン7mmをつけ、ワイヤー2本に通す

⑥ ④と同様

⑦ ワイヤー2本を合わせ、端に輪を作る。ねじってとめる(P.45)

⑧ パーツa〜dを図のように丸カン2個でつなぐ

⑨ 丸カンで引輪と板カンをつなぐ

a トルコ石タンブル 約6mm×9mm　×5個　ワイヤー

b 淡水パールポテト　×6個　ワイヤー

c トルコ石丸玉カット 6mm　×2個　ワイヤー

d トルコ石丸玉 4mm　×2個　ワイヤー

e シルバーパーツ／トルコ石タンブル約12mm×18mm　×1個　Tピン

サンゴのネックレス ... page.16

■ 材料（金具はすべてシルバー）
山サンゴボタン9mm　8個
トルコ石タンブル約7mm×8mm～12mm　5個
トルコ石丸玉カット6mm　4個
ローズクォーツダイヤカット　7mm×8mm　3個
ロードナイト丸玉6mm　3個
ブラックトルマリン丸玉10mm　1個
丸カン直径4mm　30個
引輪　1個
チェーン　5cmを5本
ワイヤー0.3mm　2m

■ でき上がりサイズ
□ 首まわり40cm

① ビーズをワイヤーに通し、ねじってとめる（P.45）パーツを作る。

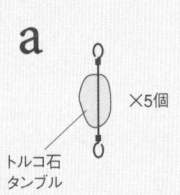

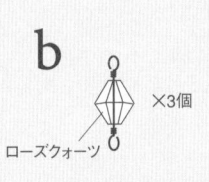

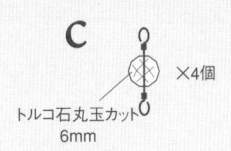

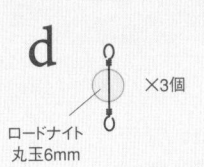

a ×5個 — トルコ石タンブル
b ×3個 — ローズクォーツ
c ×4個 — トルコ石丸玉カット6mm
d ×3個 — ロードナイト丸玉6mm
e ×8個 — 山サンゴボタン
f ×1個 — ブラックトルマリン丸玉10mm

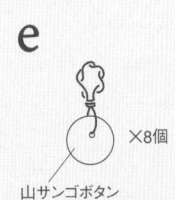

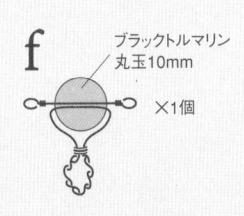

※ e、fの通し方、ねじり方はP.44

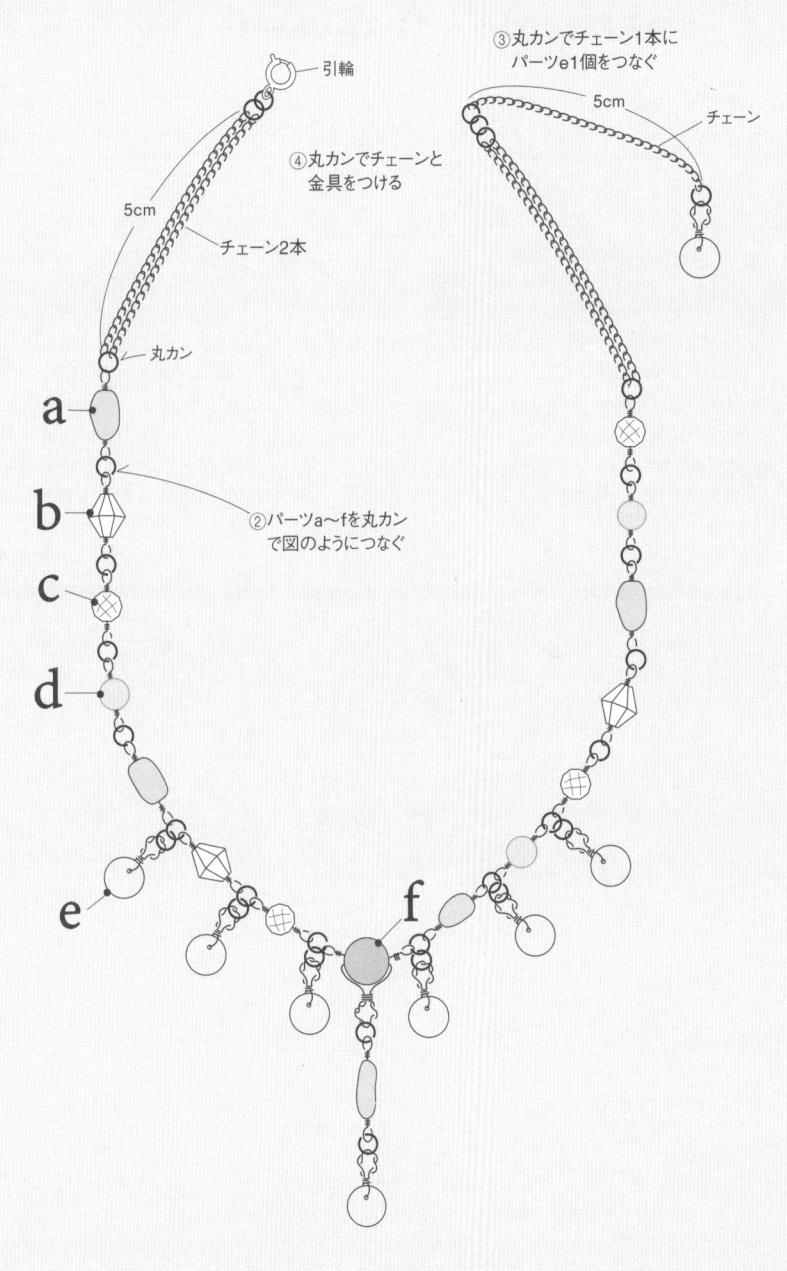

② パーツa～fを丸カンで図のようにつなぐ
③ 丸カンでチェーン1本にパーツe1個をつなぐ
④ 丸カンでチェーンと金具をつける

引輪
チェーン
5cm
チェーン2本
丸カン

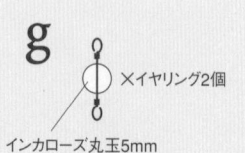

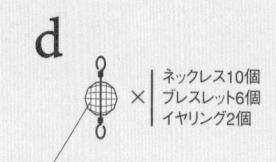

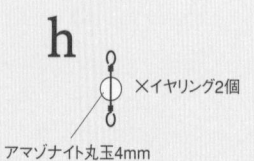

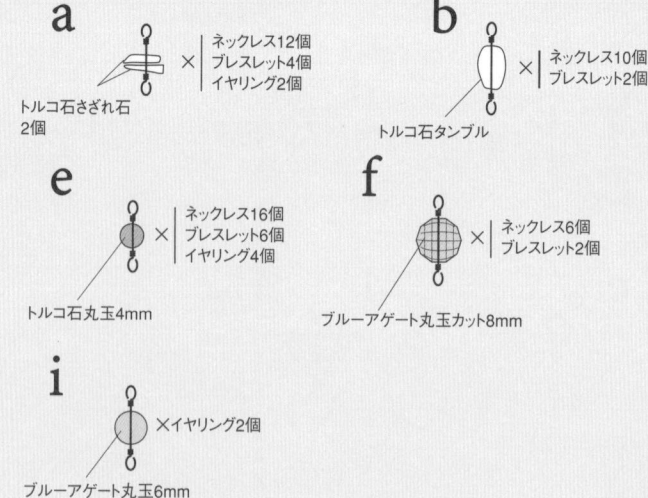

トルコ石のネックレス＋ブレスレット＋イヤリング　…page.15

■材料（金具はすべてシルバー）
□ネックレス
トルコ石さざれ石　24個
トルコ石丸玉4mm　16個
トルコ石タンブル約5mm×8mm　10個
アメジスト丸玉6mm　10個
アマゾナイト丸玉カット6mm　10個
ブルーアゲート丸玉カット8mm　6個
インカローズスクエアカット（二つ穴）12mm×12mm　1個
9ピン20mm　2本
丸カン直径3mm　6個
丸カン直径4mm　2個
留具　1組
#30ワイヤー　3.2m
□ブレスレット
トルコ石さざれ石　8個
トルコ石丸玉4mm　7個
トルコ石タンブル約5mm×8mm　2個
アメジスト丸玉6mm　2個
アマゾナイト丸玉カット6mm　6個
ブルーアゲート丸玉カット8mm　2個
インカローズスクエアカット（二つ穴）12mm×12mm　1個

Tピン20mm　1本
丸カン直径3mm　3個
丸カン直径4mm　2個
カニカン　1個
板カン　1個
アジャスター　4.5cm
#30ワイヤー　1.3m
□イヤリング
トルコ石さざれ石　4個
トルコ石丸玉4mm　4個
アメジスト丸玉6mm　2個
アマゾナイト丸玉カット6mm　2個
アマゾナイト丸玉4mm　2個
ブルーアゲート丸玉6mm　2個
インカローズ丸玉5mm　2個
丸カン直径4mm　2個
イヤリング金具　1組
#30ワイヤー　80cm
■でき上がりサイズ
□ネックレス　首まわり42cm
□ブレスレット　手首まわり19cm（アジャスターを除く）
□イヤリング　長さ5.5cm（金具は除く）

ネックレス、ブレスレット、イヤリング共通
※ワイヤーの端はすべてねじってとめる（P.45）
ワイヤーは2本どりで使用する

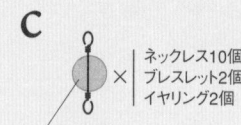

a × ネックレス12個／ブレスレット4個／イヤリング2個
トルコ石さざれ石 2個

b × ネックレス10個／ブレスレット2個
トルコ石タンブル

c × ネックレス10個／ブレスレット2個／イヤリング2個
アメジスト丸玉6mm

d × ネックレス10個／ブレスレット6個／イヤリング2個
アマゾナイト丸玉カット6mm

e × ネックレス16個／ブレスレット6個／イヤリング4個
トルコ石丸玉4mm

f × ネックレス6個／ブレスレット2個
ブルーアゲート丸玉カット8mm

g ×イヤリング2個
インカローズ丸玉5mm

h ×イヤリング2個
アマゾナイト丸玉4mm

i ×イヤリング2個
ブルーアゲート丸玉6mm

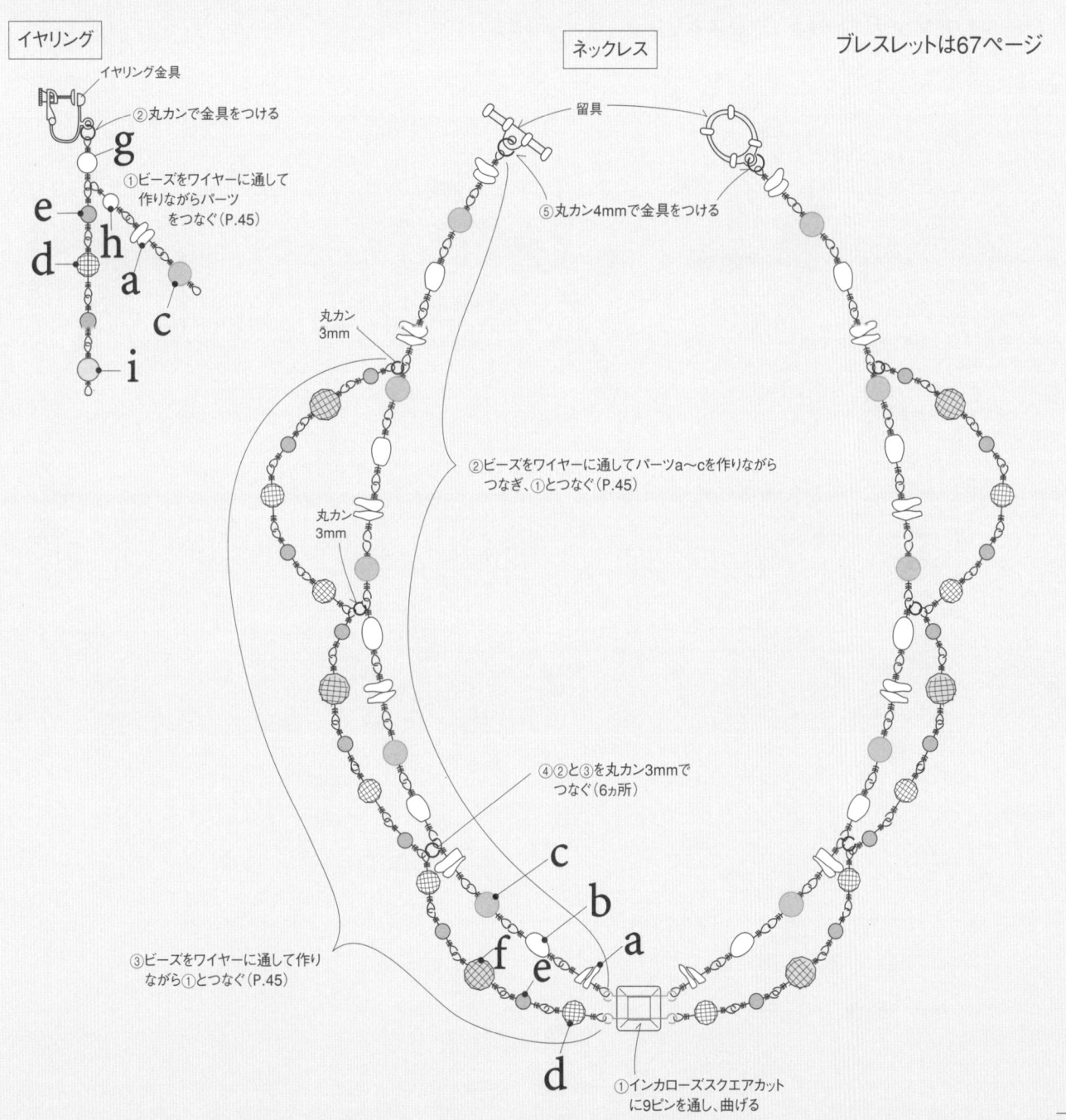

| イヤリング | | ネックレス | ブレスレットは67ページ |

- イヤリング金具
- ②丸カンで金具をつける
- ①ビーズをワイヤーに通して作りながらパーツをつなぐ（P.45）
- 留具
- ⑤丸カン4mmで金具をつける
- 丸カン3mm
- 丸カン3mm
- ②ビーズをワイヤーに通してパーツa〜cを作りながらつなぎ、①とつなぐ（P.45）
- ④②と③を丸カン3mmでつなぐ（6ヵ所）
- ③ビーズをワイヤーに通して作りながら①とつなぐ（P.45）
- ①インカローズスクエアカットに9ピンを通し、曲げる

パールとアマゾナイトのネックレス&リング　…page.18

■ 材料（金具はすべてシルバー）
□ ネックレス
淡水パール丸玉カット6mm　グレイ　16個
淡水パールハート型約10mm×11mm　白　1個
アマゾナイト丸玉カット6mm　16個
アマゾナイト丸玉カット8mm　2個
マザーオブパールバレルカット5mm×9mm　ホワイト　10個
マザーオブパールライス約5mm×10mm　茶色　2個
Tピン30mm　1本
丸カン直径4mm　2個
丸カン直径5mm　1個
カニカン　1個
チェーン　5cmを1本
#30ワイヤー　1.1mを4本
□ リング
淡水パール丸玉カット6mm　グレイ　2個
淡水パールハート型約10mm×11mm　白　1個
アマゾナイト丸玉4mm　8個
アマゾナイト丸玉カット6mm　2個
マザーオブパール丸玉3mm　茶色　13個
Tピン30mm　1本
丸カン直径4mm　1個
チェーン　1.5cmを1本
#30ワイヤー　25cmを2本、10cmを1本
■ でき上がりサイズ
□ ネックレス　首まわり42cm
□ リング　約9号

ネックレス

⑦丸カンでカニカンとチェーンをつなぐ
チェーン　5cm
カニカン
丸カン 4mm
丸カン 5mm
丸カン 4mm
淡水パールハート型
Tピン
10cm
④ワイヤ4本をビーズから10cmの所で二つ折りし、下に向かって巻きつける
⑥ビーズをTピンに通し、ねじってとめる(P.45)
丸カンでチェーンとつなぐ
⑤端をねじってとめる(P.45)
②、③をくり返す
③ワイヤー1本ずつにビーズを1個通す
通し始め　中央　通し始め
アマゾナイト丸玉カット6mm
淡水パール丸玉カット6mm
②ワイヤー4本にビーズを通す
アマゾナイト丸玉カット8mm
マザーオブパールバレルカット

①ワイヤー4本の中央にビーズを通し、ねじる(P.47.2.3参照)

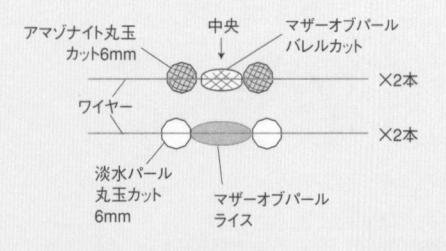

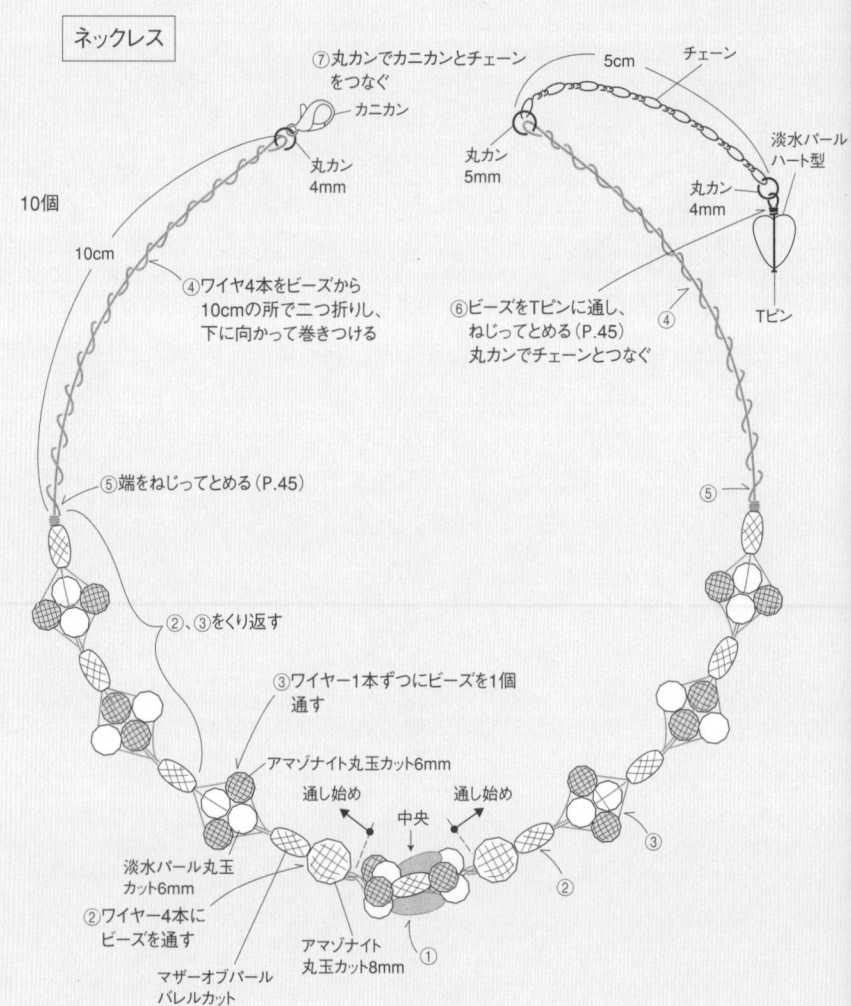

アマゾナイト丸玉カット6mm　中央　マザーオブパールバレルカット
ワイヤー　×2本
淡水パール丸玉カット6mm　マザーオブパールライス　×2本

淡水パールのロングネックレス　…page.17

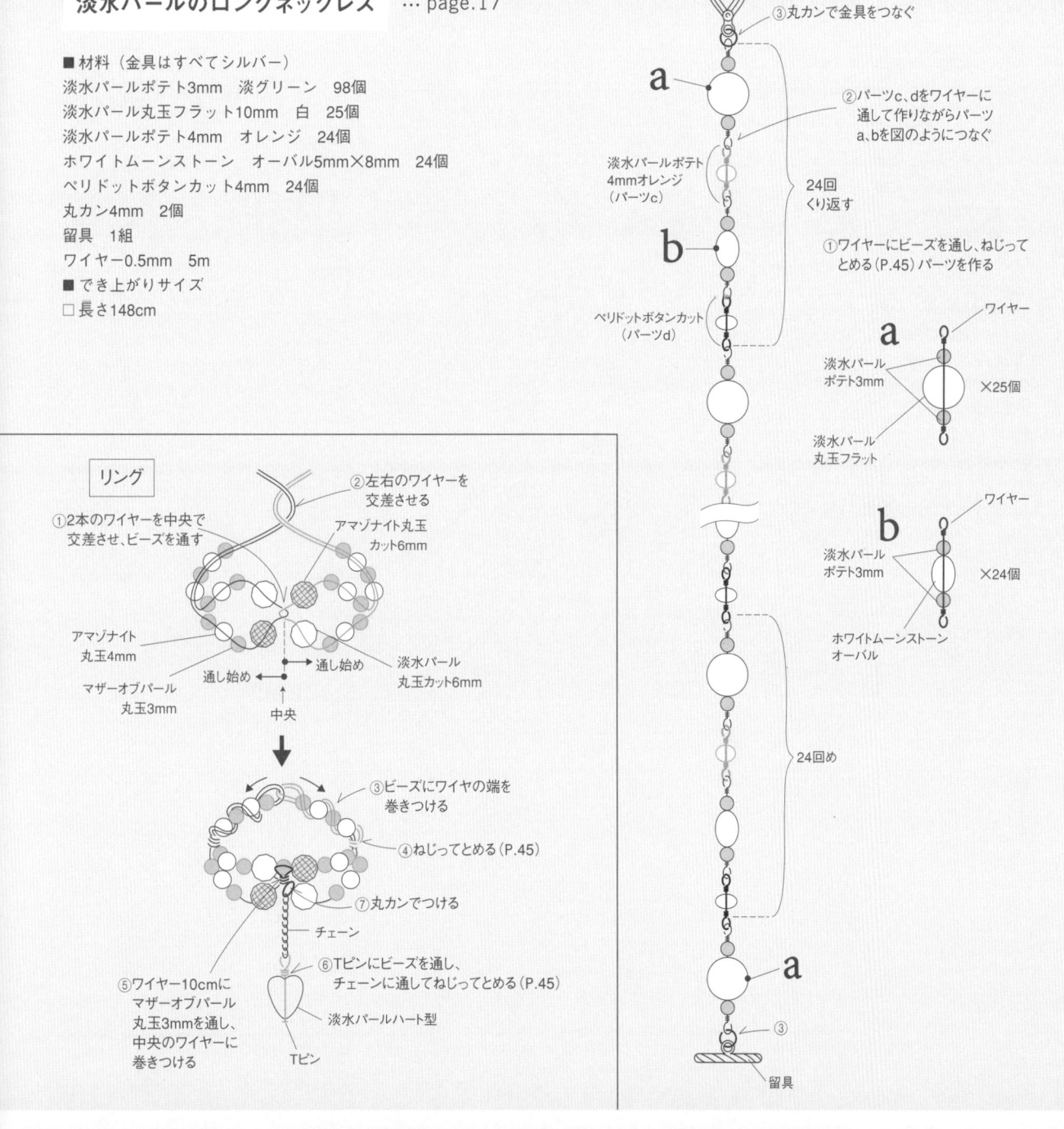

■材料（金具はすべてシルバー）
淡水パールポテト3mm　淡グリーン　98個
淡水パール丸玉フラット10mm　白　25個
淡水パールポテト4mm　オレンジ　24個
ホワイトムーンストーン　オーバル5mm×8mm　24個
ペリドットボタンカット4mm　24個
丸カン4mm　2個
留具　1組
ワイヤー0.5mm　5m
■でき上がりサイズ
□長さ148cm

留具
③丸カンで金具をつなぐ
a
淡水パールポテト4mmオレンジ（パーツc）
②パーツc、dをワイヤーに通して作りながらパーツa、bを図のようにつなぐ
24回くり返す
b
①ワイヤーにビーズを通し、ねじってとめる（P.45）パーツを作る
ペリドットボタンカット（パーツd）

ワイヤー
a
淡水パールポテト3mm
×25個
淡水パール丸玉フラット

ワイヤー
b
淡水パールポテト3mm
×24個
ホワイトムーンストーンオーバル

24回め

a
③
留具

リング

①2本のワイヤーを中央で交差させ、ビーズを通す
②左右のワイヤーを交差させる
アマゾナイト丸玉カット6mm
アマゾナイト丸玉4mm
マザーオブパール丸玉3mm
通し始め　通し始め
中央
淡水パール丸玉カット6mm

③ビーズにワイヤの端を巻きつける
④ねじってとめる（P.45）
⑦丸カンでつける
チェーン
⑤ワイヤー10cmにマザーオブパール丸玉3mmを通し、中央のワイヤーに巻きつける
⑥Tピンにビーズを通し、チェーンに通してねじってとめる（P.45）
淡水パールハート型
Tピン

サンゴと淡水パールのネックレス　… page.19

■ 材料（金具は指定以外はゴールド）
- 淡水パールフラットポテト4mm　白　約250個
- 淡水パール丸玉カット6mm　グレイ　8個
- 淡水パール丸玉カット8mm　オレンジ　1個
- 枝サンゴ　長さ約45mm　2本
  - 　　　　長さ約35mm　2本
  - 　　　　長さ約30mm　1本
  - 　　　　長さ約8mm～12mm　6本
- サンゴ丸玉3mm　4個
- サンゴ丸玉6mm　1個
- サンゴ丸玉龍彫刻7mm　1個
- コモンオパール花彫刻21mm　1個
- Tピン25mm　8本
- 丸カン直径3mm　13個
- 丸カン直径4mm　2個
- ボールチップ　4個
- つぶし玉　4個
- 留具　1組
- 真ちゅうワイヤー0.3mm　金色　25cm
- ナイロンコートワイヤー0.36mm　1.4m

■ でき上がりサイズ
- □ 首まわり46cm

①ビーズをワイヤー、Tピンに通し、ねじってとめる（P.45）パーツを作る

a
- 丸カン3mm
- Tピン
- ×8個
- 淡水パール丸玉カット6mm

b
- 真ちゅうワイヤー
- 淡水パール丸玉カット8mm
- サンゴ丸玉6mm
- コモンオパール花彫刻　×1個
- 丸カン3mm
- 枝サンゴ約30mm

- 丸カン4mm
- 留具
- 通し始め
- 丸カン3mm
- サンゴ丸玉3mm
- 14cm
- 21cm
- ⑤丸カンで留具をつける
- 丸カン4mm
- ④ワイヤーの端をボールチップで始末する（P.42）
- ②ナイロンコートワイヤーの端をボールチップで始末する（P.42）
  - 内側ワイヤー65cm
  - 外側ワイヤー75cm
- ③ビーズとパーツを通す
- 淡水パールフラットポテト
- 6個
- 6個
- 6個
- 6個
- サンゴ丸玉龍彫刻7mm
- 枝サンゴ約8mm～12mm
- 淡水パールフラットポテト
- 枝サンゴ約35mm
- 枝サンゴ約45mm

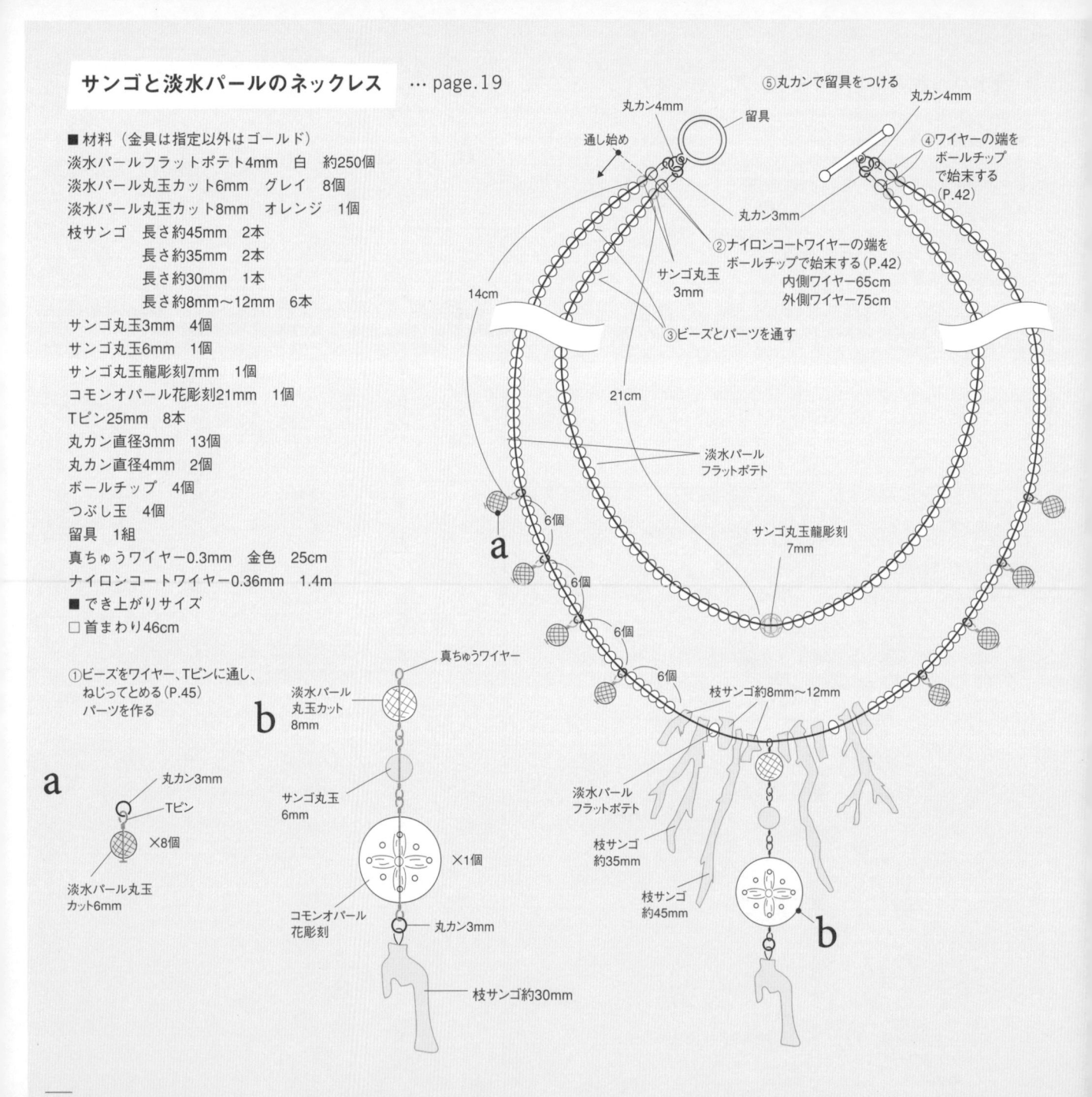

アクアマリンとブルートパーズのネックレス&ブレスレット　…page.20

■ 材料（金具はすべてシルバー）
□ ネックレス
ブルートパーズボタン4mm　約90個
アクアマリンボタンカット4mm　約55個
ブルートパーズティアドロップカット6mm×9mm　約40個
ボールチップ　2個
丸カン直径4mm　2個
つぶし玉　4個
留具　1組
テグス2号　1m×7本
□ ブレスレット
ブルートパーズボタン4mm　約40個
アクアマリンボタンカット4mm　約25個
ブルートパーズティアドロップカット6mm×9mm　約15個
ボールチップ　2個
丸カン直径4mm　2個
つぶし玉　4個
留具　1組
テグス2号　50cm×7本
■ でき上がりサイズ
□ ネックレス　首まわり41.5cm
□ ブレスレット　手首まわり18.5cm

ネックレス、ブレスレット共通

① テグス1本にビーズをネックレスは24～28個、ブレスレットは10～12個バランス良く7本通す
※ 7本ともビーズの順はバラバラにし、間隔は1～1.5cm位をあける

ビーズの通し方
テグスをビーズに2回通す → 引き締める　ティアドロップの場合

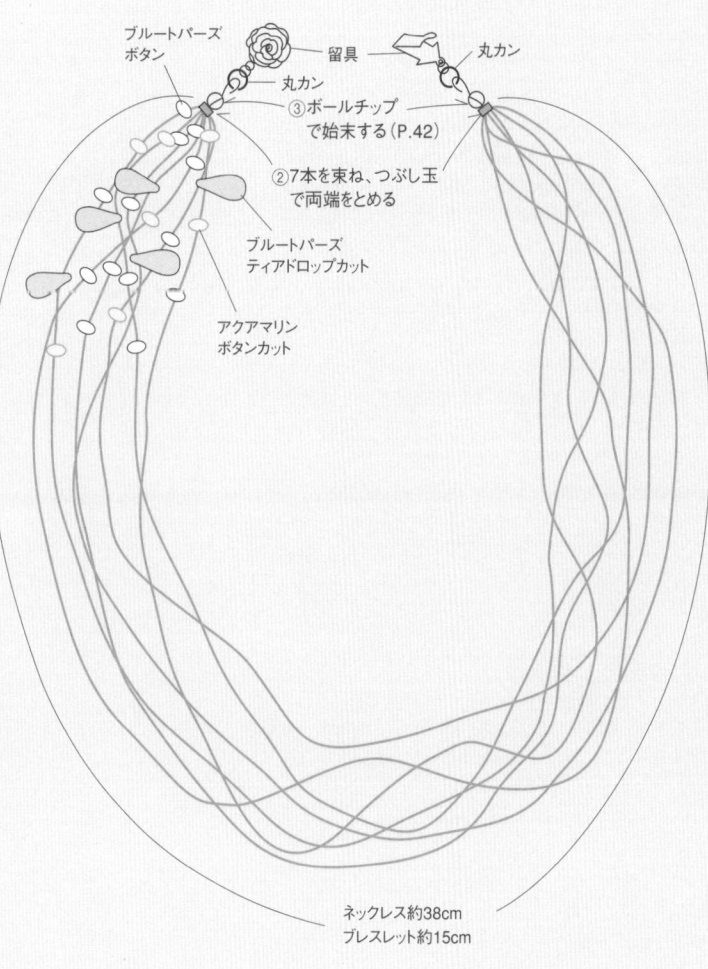

④ 丸カンで留具をつなぐ
ブルートパーズボタン
留具
丸カン
③ ボールチップで始末する (P.42)
② 7本を束ね、つぶし玉で両端をとめる
ブルートパーズティアドロップカット
アクアマリンボタンカット

ネックレス約38cm
ブレスレット約15cm

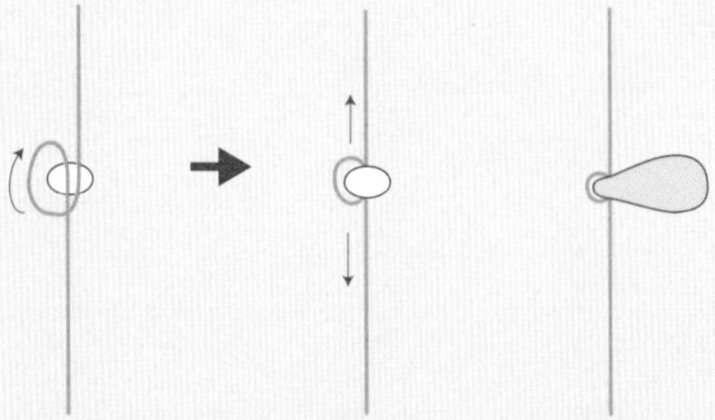

スモーキークォーツのネックレス＋ブレスレット＋ピアス　…page.22

■材料（金具はすべてシルバー）
□ネックレス
スモーキークォーツボタンカット4mm　28個
スモーキークォーツ丸玉カット6mm　9個
スモーキークォーツタンブル約10mm×15mm　9個
淡水パールバロック約8mm×9mm　グレイ　13個
シルバーパーツ（大）6mm　16個
シルバーパーツ（小）6mm　1個
シルバーパーツカボチャ型6mm　4個
玉付デザインピン60mm　1本
つぶし玉　2個
留具　1組
ナイロンコートワイヤー0.36mm　50cm
□ブレスレット
スモーキークォーツボタンカット4mm　12個
スモーキークォーツ丸玉カット6mm　4個
スモーキークォーツタンブル約10mm×15mm　3個
淡水パールバロック約8mm×9mm　グレイ　6個
シルバーパーツ（大）6mm　6個
つぶし玉　2個
留具　1組
ナイロンコートワイヤー0.36mm　25cm
□ピアス
スモーキークォーツ丸玉カット6mm　2個
スモーキークォーツタンブル約10mm×15mm　2個
淡水パールバロック約8mm×9mm　グレイ　2個
シルバーパーツ（小）6mm　2個
シルバーパーツカボチャ型6mm　4個
玉付デザインピン60mm　2本
丸カン4mm　4個
ピアス金具　1組

■でき上がりサイズ
□ネックレス　首まわり42cm
□ブレスレット　手首まわり19cm
□ピアス　長さ5cm（金具を除く）

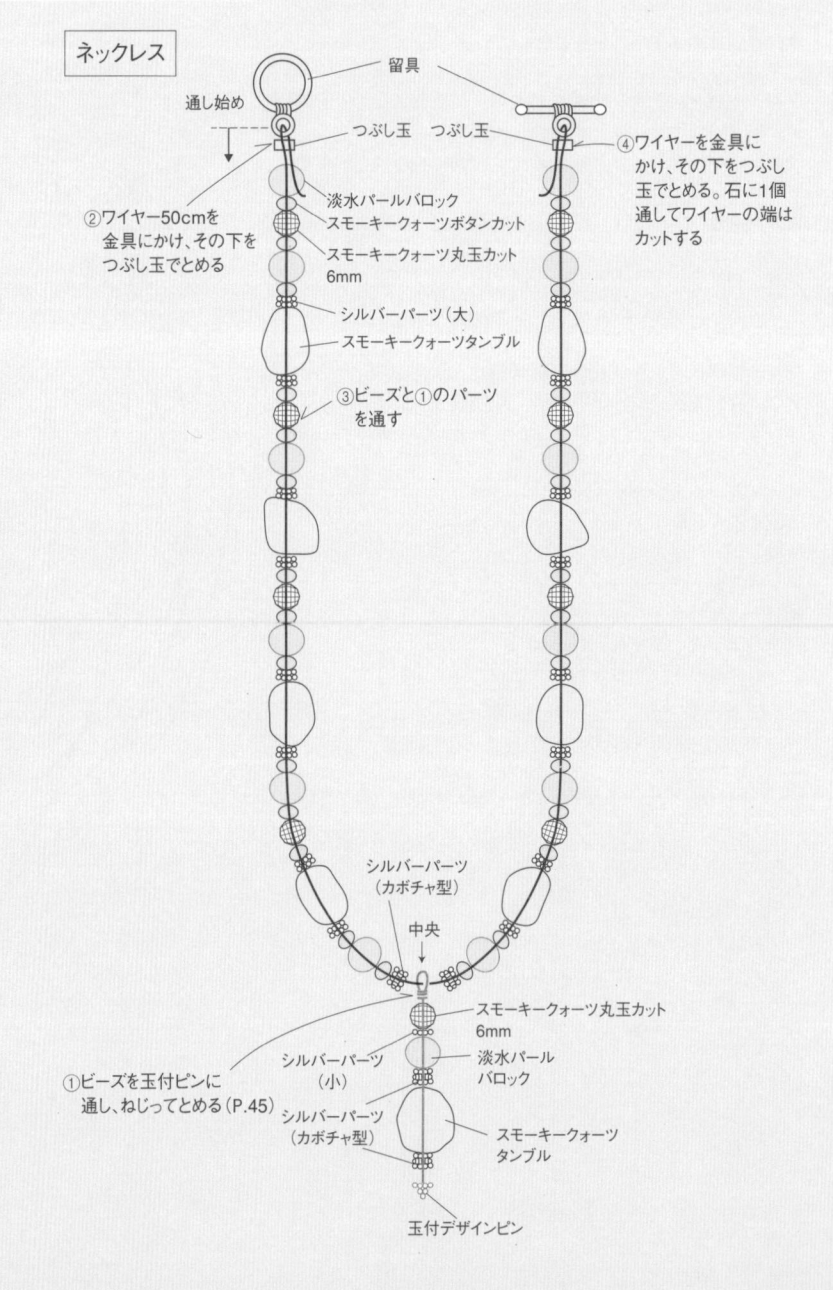

ネックレス

留具
通し始め
つぶし玉　つぶし玉
②ワイヤー50cmを金具にかけ、その下をつぶし玉でとめる
淡水パールバロック
スモーキークォーツボタンカット
スモーキークォーツ丸玉カット6mm
シルバーパーツ（大）
スモーキークォーツタンブル
③ビーズと①のパーツを通す
④ワイヤーを金具にかけ、その下をつぶし玉でとめる。石に1個通してワイヤーの端はカットする
シルバーパーツ（カボチャ型）
中央
①ビーズを玉付ピンに通し、ねじってとめる（P.45）
スモーキークォーツ丸玉カット6mm
シルバーパーツ（小）
淡水パールバロック
シルバーパーツ（カボチャ型）
スモーキークォーツタンブル
玉付デザインピン

ブレスレット

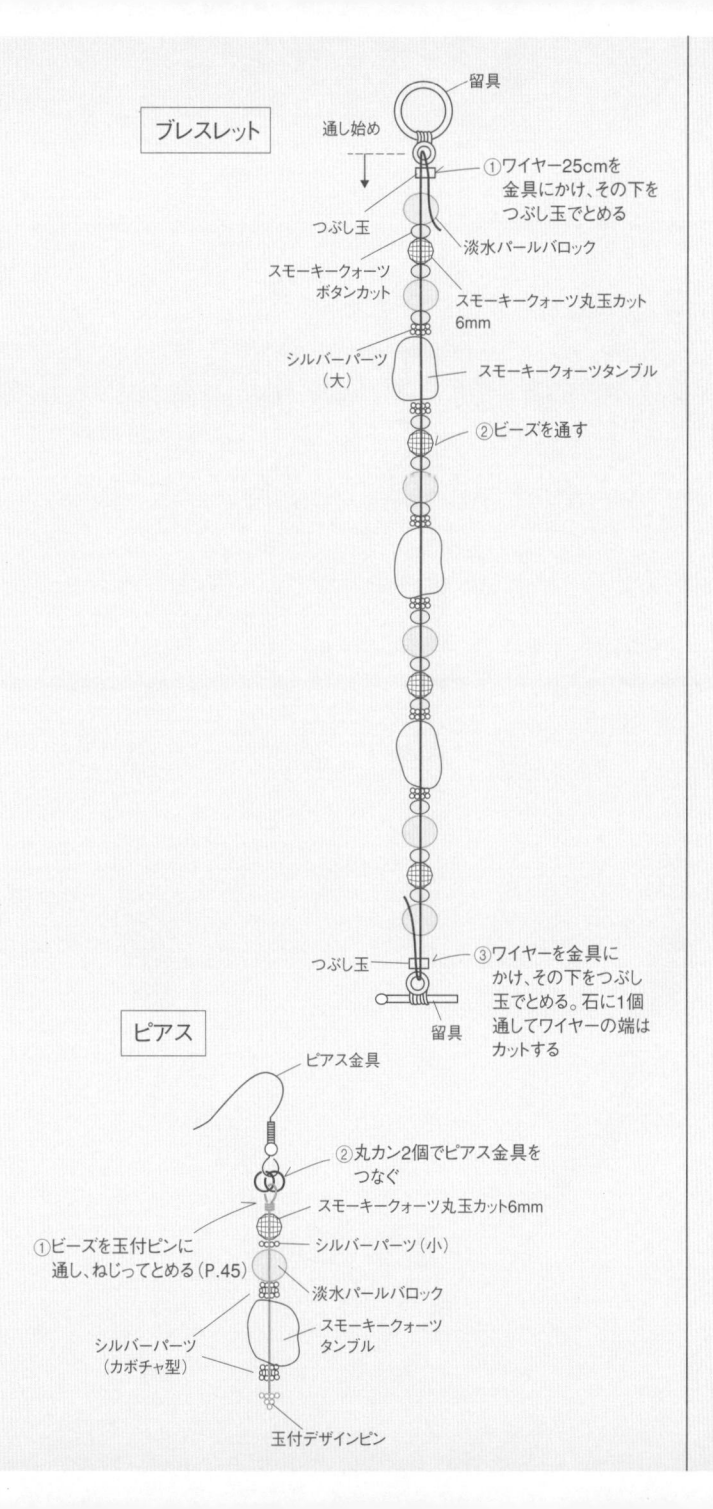

- 留具
- 通し始め
- ①ワイヤー25cmを金具にかけ、その下をつぶし玉でとめる
- つぶし玉
- 淡水パールバロック
- スモーキークォーツボタンカット
- スモーキークォーツ丸玉カット6mm
- シルバーパーツ（大）
- スモーキークォーツタンブル
- ②ビーズを通す
- ③ワイヤーを金具にかけ、その下をつぶし玉でとめる。石に1個通してワイヤーの端はカットする
- つぶし玉
- 留具

ピアス

- ピアス金具
- ②丸カン2個でピアス金具をつなぐ
- ①ビーズを玉付ピンに通し、ねじってとめる（P.45）
- スモーキークォーツ丸玉カット6mm
- シルバーパーツ（小）
- 淡水パールバロック
- シルバーパーツ（カボチャ型）
- スモーキークォーツタンブル
- 玉付デザインピン

リング5点

78ページのつづき

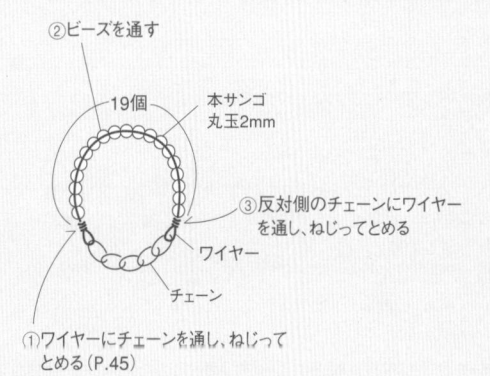

- ②ビーズを通す
- 19個
- 本サンゴ丸玉2mm
- ③反対側のチェーンにワイヤーを通し、ねじってとめる
- ワイヤー
- チェーン
- ①ワイヤーにチェーンを通し、ねじってとめる（P.45）

④ビーズをTピンに通し、チェーンにつける

A
- ねじってとめる（B〜Eも同様）
- 本サンゴ丸玉4mm赤
- 本サンゴ丸玉6mmピンク

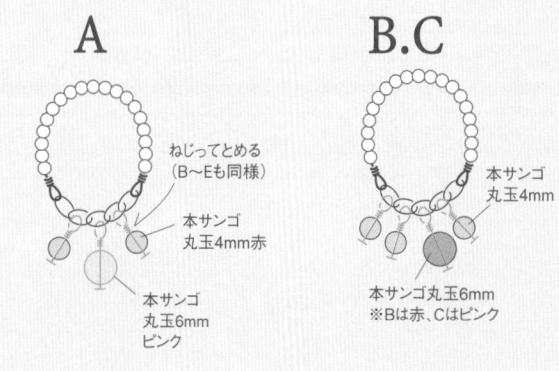

B.C
- 本サンゴ丸玉4mm
- 本サンゴ丸玉6mm
- ※Bは赤、Cはピンク

D
- 本サンゴ丸玉4mm赤
- 本サンゴ丸玉4mmピンク
- 本サンゴ丸玉6mm赤

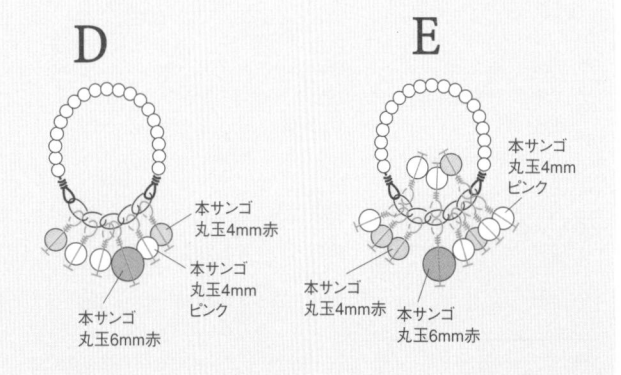

E
- 本サンゴ丸玉4mmピンク
- 本サンゴ丸玉4mm赤
- 本サンゴ丸玉6mm赤

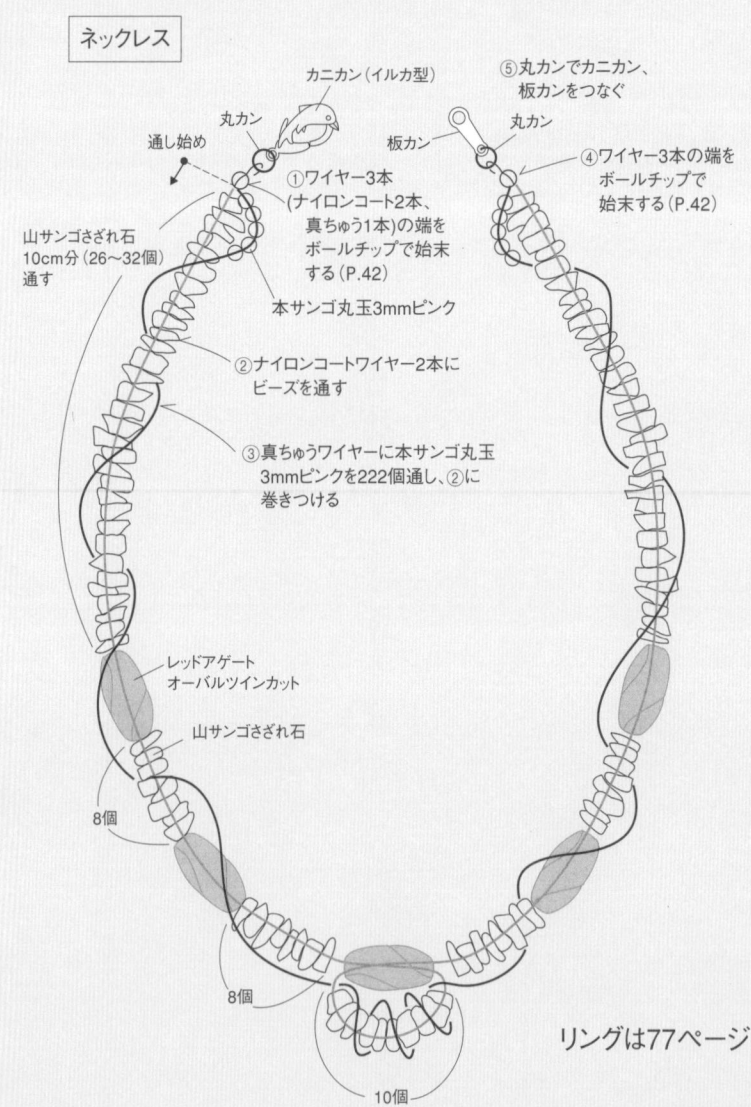

赤サンゴのネックレス&リング　…page.23

■ 材料（金具はすべてゴールド）
□ ネックレス
本サンゴ丸玉3mm　ピンク　222個
山サンゴさざれ石　約106個
レッドアゲートオーバルツインカット約8mm×20mm　5個
丸カン直径4mm　2個
ボールチップ　2個
つぶし玉　2個
カニカン（イルカ型）　1個
板カン　1個
#28真ちゅうワイヤー　金色　70cm
ナイロンコートワイヤー0.36mm　50cmを2本
□ リング5点
共通の材料
本サンゴ丸玉2mm　赤　19個
チェーン　長さ約1.5cmを1本
#28真ちゅうワイヤー　15cmを1本

A
本サンゴ丸玉6mm　ピンク　1個
本サンゴ丸玉4mm　赤　2個
Tピン20mm　3本

B
本サンゴ丸玉6mm　赤　1個
本サンゴ丸玉4mm　赤　3個
Tピン20mm　4本

C
本サンゴ丸玉6mm　ピンク　1個
本サンゴ丸玉4mm　ピンク　3個
Tピン20mm　4本

D
本サンゴ丸玉6mm　赤　1個
本サンゴ丸玉4mm　赤　2個
本サンゴ丸玉4mm　ピンク　3個
Tピン20mm　6本

E
本サンゴ丸玉6mm　赤　1個
本サンゴ丸玉4mm　赤　4個
本サンゴ丸玉4mm　ピンク　6個
Tピン20mm　11本

■ でき上がりサイズ
□ ネックレス　首まわり43cm
□ リング　約9号

ネックレス

通し始め
カニカン（イルカ型）
丸カン
板カン
丸カン

⑤丸カンでカニカン、板カンをつなぐ

④ワイヤー3本の端をボールチップで始末する(P.42)

①ワイヤー3本（ナイロンコート2本、真ちゅう1本)の端をボールチップで始末する(P.42)

本サンゴ丸玉3mmピンク

山サンゴさざれ石
10cm分(26～32個)通す

②ナイロンコートワイヤー2本にビーズを通す

③真ちゅうワイヤーに本サンゴ丸玉3mmピンクを222個通し、②に巻きつける

レッドアゲートオーバルツインカット
山サンゴさざれ石

8個
8個
10個

リングは77ページ

ラピスラズリのネックレス　… page.24

■ 材料（金具はすべて金古美）
アメジスト丸玉3mm　175個
ブルーサンストーン丸玉2mm　76個
アイオライトボタンカット3mm　76個
ラピスラズリハート型4mm　56個
Tピン15mm　20本
Tピン25mm　4本
Tピン30mm　7本
丸カン直径3.5mm　25個
丸カン直径5mm　4個
ボールチップ　4個
つぶし玉　4個
カニカン　1個
アジャスター4cm　1個
ナイロンコートワイヤー0.4mm　50cmを2本
■ でき上がりサイズ
□ 首まわり　40cm

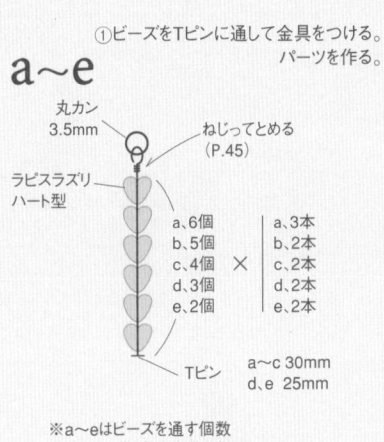

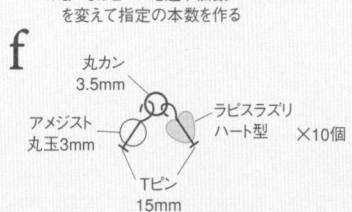

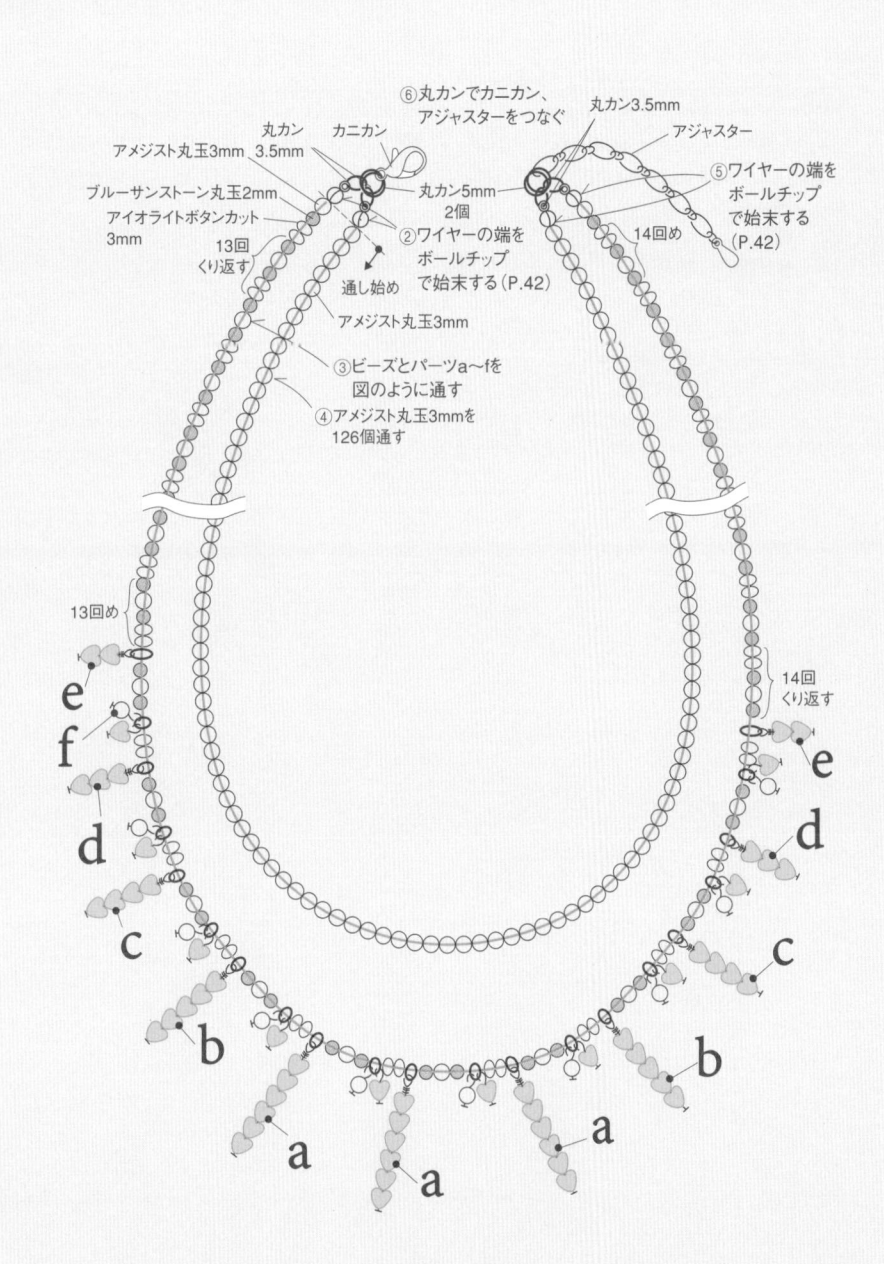

①ビーズをTピンに通して金具をつける。パーツを作る。

a〜e

丸カン3.5mm
ラピスラズリハート型
ねじってとめる（P.45）

a、	6個	a、	3本
b、	5個	b、	2本
c、	4個	×	c、2本
d、	3個		d、2本
e、	2個		e、2本

Tピン　a〜c 30mm　d,e 25mm

※a〜eはビーズを通す個数を変えて指定の本数を作る

f

丸カン3.5mm
アメジスト丸玉3mm
ラピスラズリハート型
Tピン15mm
×10個

⑥丸カンでカニカン、アジャスターをつなぐ
丸カン　カニカン
アメジスト丸玉3.5mm
丸カン3.5mm
アジャスター
丸カン5mm
ブルーサンストーン丸玉2mm　2個
アイオライトボタンカット3mm
13回くり返す
通し始め
②ワイヤーの端をボールチップで始末する(P.42)
14回め
⑤ワイヤーの端をボールチップで始末する(P.42)
アメジスト丸玉3mm
③ビーズとパーツa〜fを図のように通す
④アメジスト丸玉3mmを126個通す

13回め
14回くり返す

アメジストと淡水パールのネックレス … page.30

■ 材料（金具はすべてシルバー）
淡水パールポテト4mm　濃グレイ　122個
淡水パールクレオパトラ3mm×6mm　淡グレイ　60個
淡水パールバロック8mm×8〜9mm　グレイ　10個
アメジストレクタングル8mm×10mm　14個
丸カン直径3mm　8個
丸カン直径4mm　2個
丸カン直径5mm　2個
ボールチップ　2個
つぶし玉　4個
カニカン（クリスタル付）　2個
#30ワイヤー　10cmを5本、5cmを4本
ナイロンコートワイヤー0.36mm　40cmを2本

〈付け替え用ひも〉
幅0.3cmのスエードのひも　紫　90cm×2本
アメジスト丸玉カット8mm　2個
淡水パール　ブリオレット7mm×8mm　濃グレイ　2個
クリスタル付Tピン25mm　4本
丸カン直径4mm　4個
カシメジョイント（ひも止め）　4個

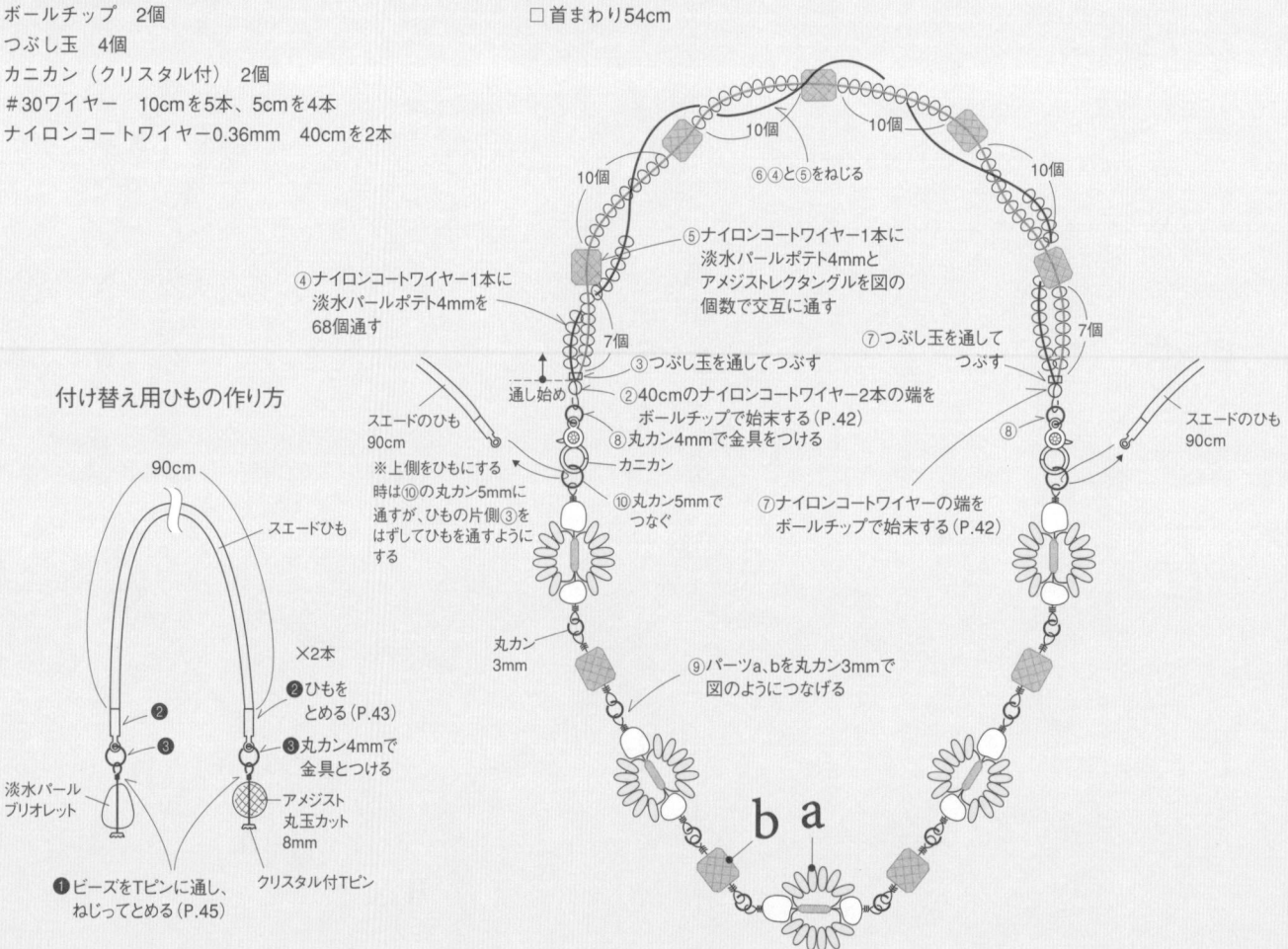

■ でき上がりサイズ
□ 首まわり54cm

付け替え用ひもの作り方

90cm
スエードひも
×2本

❶ ビーズをTピンに通し、ねじってとめる(P.45)
淡水パールブリオレット
アメジスト丸玉カット8mm
クリスタル付Tピン
❷ ひもをとめる(P.43)
❸ 丸カン4mmで金具とつける

組み立て図

10個　10個
10個　10個
⑥④と⑤をねじる
⑤ナイロンコートワイヤー1本に淡水パールポテト4mmとアメジストレクタングルを図の個数で交互に通す
7個　7個
④ナイロンコートワイヤー1本に淡水パールポテト4mmを68個通す
通し始め
③つぶし玉を通してつぶす
⑦つぶし玉を通してつぶす
スエードのひも90cm
スエードのひも90cm
※上側をひもにする時は⑩の丸カン5mmに通すが、ひもの片側③をはずしてひもを通すようにする
②40cmのナイロンコートワイヤー2本の端をボールチップで始末する(P.42)
⑧丸カン4mmで金具をつける
カニカン
⑩丸カン5mmでつなぐ
⑦ナイロンコートワイヤーの端をボールチップで始末する(P.42)
丸カン3mm
⑨パーツa、bを丸カン3mmで図のようにつなげる
b　a

①ビーズをワイヤーに通し、ねじってとめる(P.45)。
パーツを作る

a

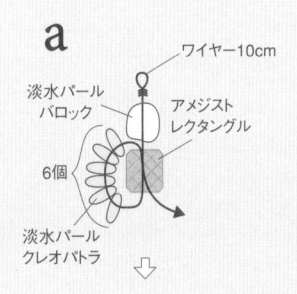

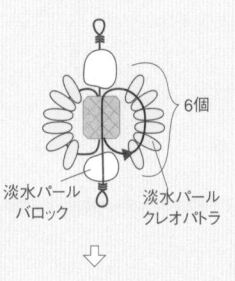

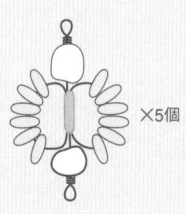

ワイヤー10cm
淡水パールバロック
アメジストレクタングル
6個
淡水パールクレオパトラ

↓

6個
淡水パールバロック
淡水パールクレオパトラ

↓

×5個
アメジストは横向きになる

b

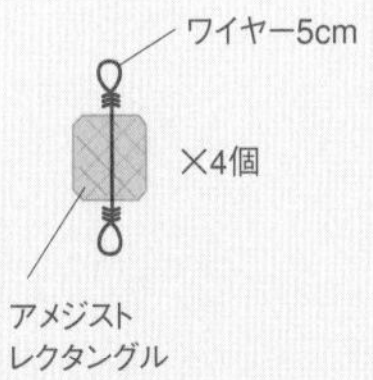

ワイヤー5cm
×4個
アメジストレクタングル

マザーオブパールと淡水パールのネックレス … page.25

■ 材料（金具はすべてゴールド）
マザーオブパールタンブル約11mm×13mm 淡茶 15個
淡水パールポテト7mm×8mm ゴールド 14個
丸カン直径4mm 2個
ボールチップ 2個
つぶし玉 2個
カニカン 1個
板カン 1個
ナイロンコートワイヤー0.4mm 金色50cmを2本
■ でき上がりサイズ
□ 首まわり 43cm

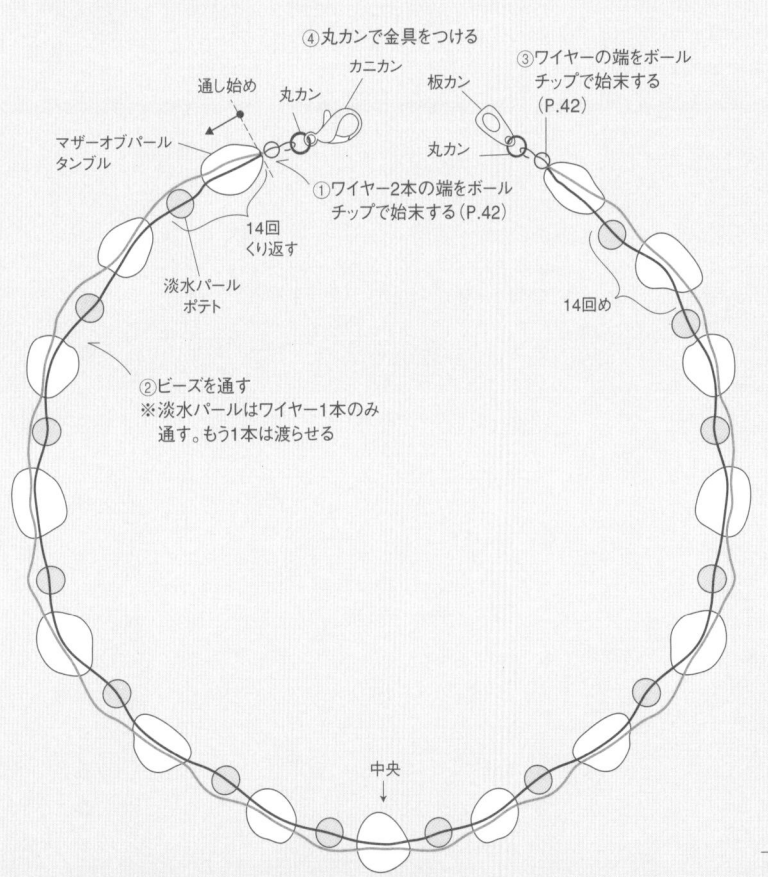

④丸カンで金具をつける
カニカン
丸カン
通し始め
マザーオブパールタンブル
①ワイヤー2本の端をボールチップで始末する(P.42)
③ワイヤーの端をボールチップで始末する(P.42)
板カン
丸カン
14回くり返す
淡水パールポテト
14回め
②ビーズを通す
※淡水パールはワイヤー1本のみ通す。もう1本は渡らせる
中央

イエローとグリーン系天然石のネックレス … page.29

■ 材料（金具はすべてゴールド）
- シトリントパーズ丸玉3mm　68個
- シトリントパーズティアドロップカット6mm×10mm　51個
- オリーブジェイドティアドロップ6mm×9mm　15個
- オリーブジェイド丸玉4mm　14個
- レモンクォーツティアドロップカット8mm×12mm　13個
- レモンクォーツタンブルカット約10〜12mm×15mm　8個
- 18Kミラーボール4mm　6個
- 18Kミラーボール3mm　4個
- 丸カン3mm　6個
- 丸カン4mm　6個
- ボールチップ　8個
- つぶし玉　8個
- 留具　1組
- ナイロンコートワイヤー0.4mm　金色　30cmを3本、20cmを2本

■ でき上がりサイズ
☐ 首まわり　40cm

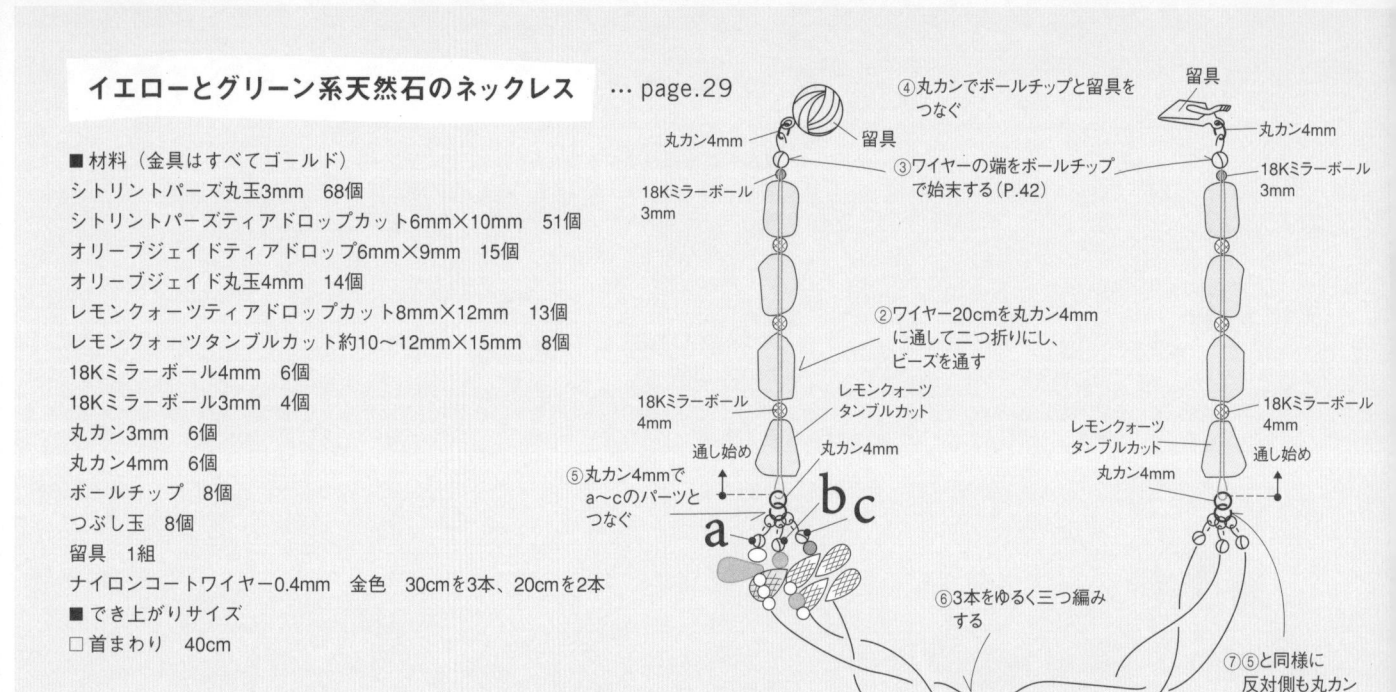

④丸カンでボールチップと留具をつなぐ

留具

丸カン4mm

18Kミラーボール3mm

③ワイヤーの端をボールチップで始末する(P.42)

②ワイヤー20cmを丸カン4mmに通して二つ折りにし、ビーズを通す

18Kミラーボール4mm

レモンクォーツタンブルカット

丸カン4mm

通し始め

⑤丸カン4mmでa〜cのパーツとつなぐ

⑥3本をゆるく三つ編みする

⑦⑤と同様に反対側も丸カン4mmでつなぐ

a
①ビーズをワイヤーに通し、金具を両端につける。パーツを作る

❹丸カン3mmをつける

❶ワイヤー30cmの端をボールチップで始末する(P.42)

オリーブジェイドティアドロップ

シトリントパーズ丸玉3mm

14回くり返す

❷ビーズを通す

14回め

❸ワイヤーの端をボールチップで始末する(P.42)

❹丸カン3mmをつける

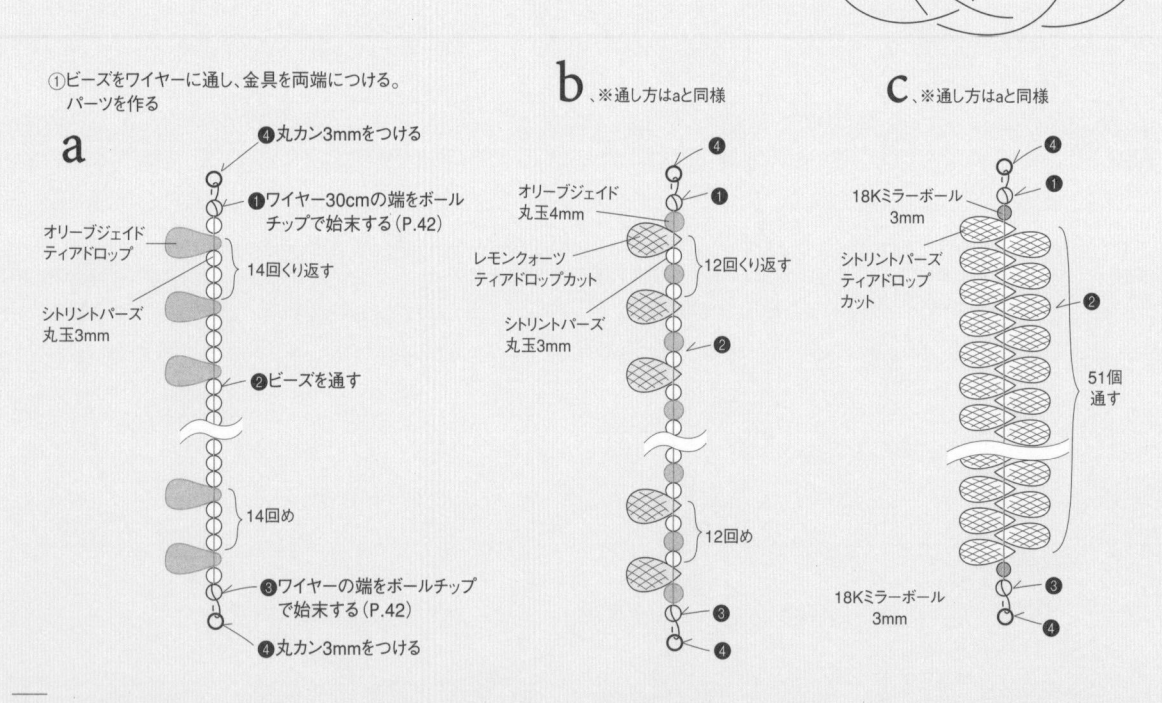

b ※通し方はaと同様

❹
❶

オリーブジェイド丸玉4mm

レモンクォーツティアドロップカット

12回くり返す

シトリントパーズ丸玉3mm

❷

12回め

❸
❹

c ※通し方はaと同様

❹
❶

18Kミラーボール3mm

シトリントパーズティアドロップカット

❷

51個通す

18Kミラーボール3mm

❸
❹

カーネリアンと翡翠のネックレス　…page.26

■ 材料
ヒスイオーバルカット15mm×27mm　2個
カーネリアンバラ型16mm　2個
太さ2mmの中国縄結びひも　抹茶色、茶色　各1.5m
絹ひも（端の始末用）抹茶色　少々

■ でき上がりサイズ
□ 首まわり　40cm

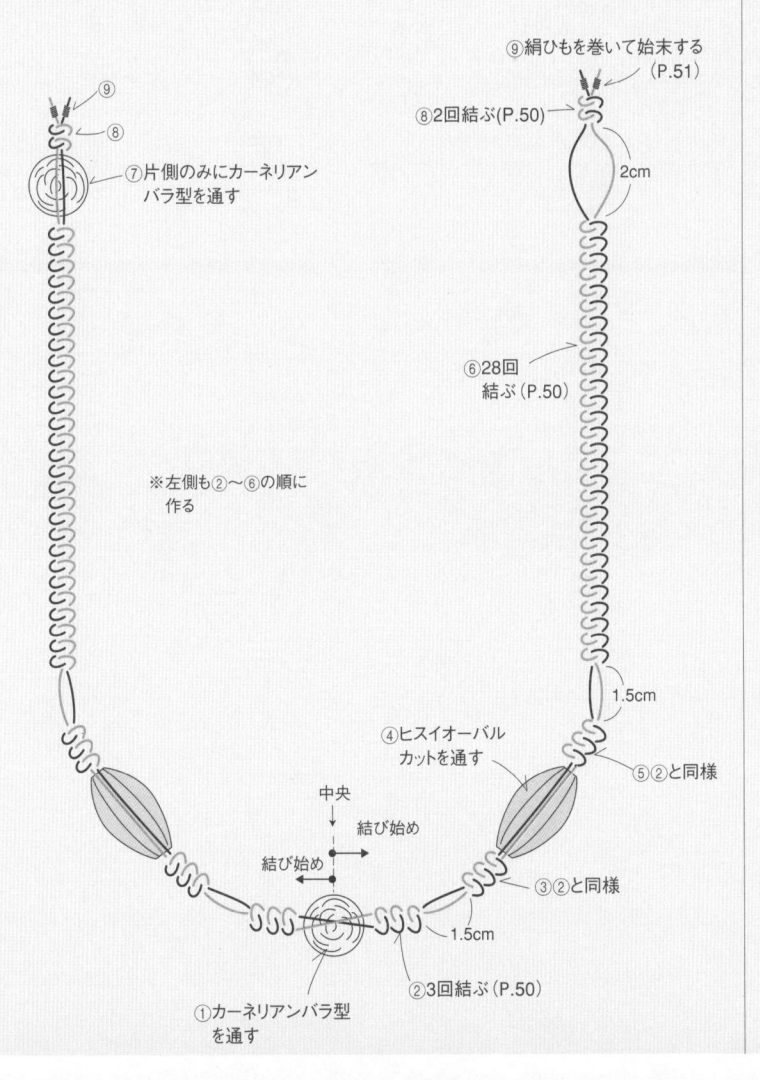

⑨絹ひもを巻いて始末する (P.51)
⑧2回結ぶ(P.50)
2cm
⑦片側のみにカーネリアンバラ型を通す
⑥28回結ぶ(P.50)
※左側も②〜⑥の順に作る
1.5cm
④ヒスイオーバルカットを通す
⑤②と同様
中央
結び始め
結び始め
③②と同様
1.5cm
②3回結ぶ(P.50)
①カーネリアンバラ型を通す

ネックレス一連

86ページのつづき

留具
⑥丸カンで留具をつける
①ひもの端をボールチップで始末する(P.42)
通し始め
②つぶし玉を通し、つぶす
2.5cm
結ぶ
本サンゴ丸玉 3mm
オリーブジェイド龍彫刻10mm
留具
⑤ひもの端をボールチップで始末する(P.42)
④つぶし玉を通しつぶす
2.5cm
2.5cm
トルコ石 さざれ石
2.5cm
8回くり返す
③ひもを結びながらビーズを通す
ハウライト ライス
2.5cm
8回め

83

オリーブジェイドとモスアゲートのネックレス＋ブレスレット＋ピアス … page.28

■材料（金具はすべてシルバー）
□ネックレス
モスアゲート丸玉4mm　62個
オリーブジェイド丸玉4mm　22個
オリーブジェイド丸玉8mm　8個
淡水パールポテ6mm　グリーン　16個
丸カン4mm　2個
ボールチップ　2個
つぶし玉　2個
留具　1組
ナイロンコートワイヤー0.36mm　60cm
テグス2号　40cmを3本
□ブレスレット
モスアゲート丸玉3mm　27個
モスアゲート丸玉4mm　16個
オリーブジェイド丸玉4mm　12個
オリーブジェイド丸玉8mm　4個
淡水パールポテ6mm　グリーン　8個
クリスタル付Tピン30mm　1本
丸カン4mm　3個
ボールチップ　2個
つぶし玉　2個
カニカン（ハート型）　1個
板カン　1個
チェーン　3.5cm
ナイロンコートワイヤー0.36mm　30cmを2本
テグス2号　40cmを2本
□ピアス
モスアゲート丸玉3mm　36個
モスアゲート丸玉4mm　16個
オリーブジェイド丸玉4mm　12個
淡水パールポテ6mm　グリーン　2個
つぶし玉　2個
ピアス金具　1組
ナイロンコートワイヤー0.36mm　20cmを2本
テグス2号　40cmを2本
■でき上がりサイズ
□ネックレス　首まわり42cm
□ブレスレット　手首まわり18cm
□ピアス　長さ5.5cm（金具を除く）

ネックレス、ブレスレット、ピアス共通
①ビーズボールを作る（P.43）
※テグスは40cm

ビーズの配置の仕方

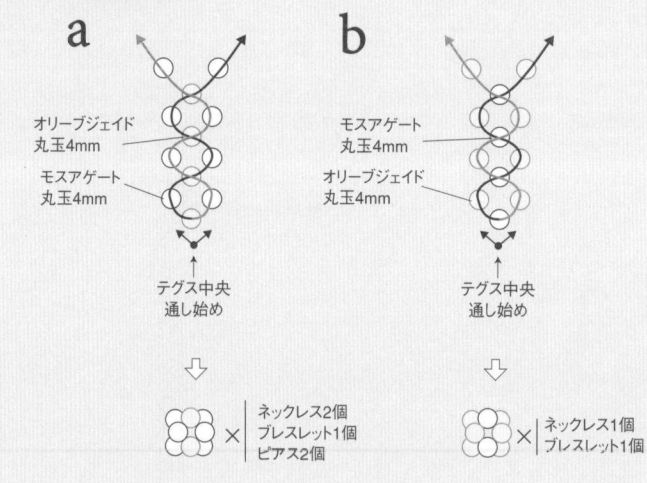

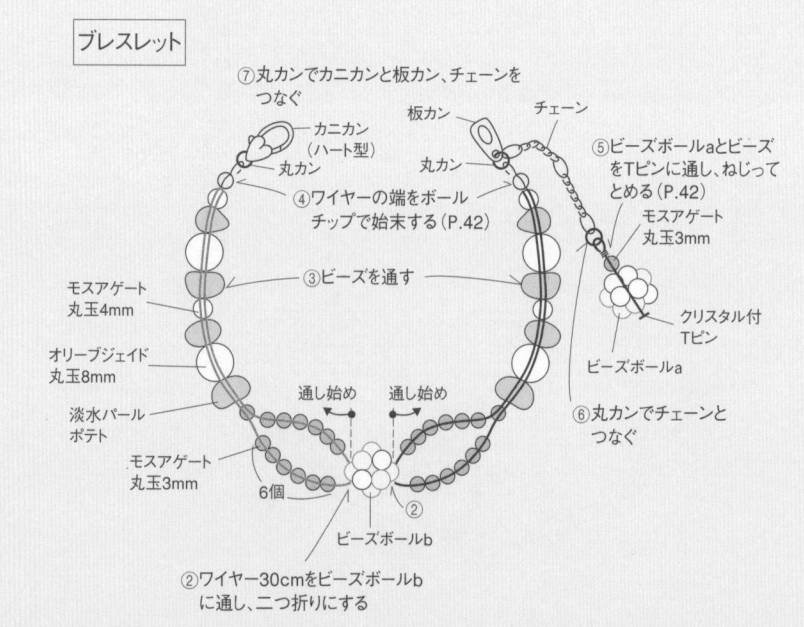

a
オリーブジェイド丸玉4mm
モスアゲート丸玉4mm
テグス中央通し始め
× ネックレス2個 ブレスレット1個 ピアス2個

b
モスアゲート丸玉4mm
オリーブジェイド丸玉4mm
テグス中央通し始め
× ネックレス1個 ブレスレット1個

ブレスレット
⑦丸カンでカニカンと板カン、チェーンをつなぐ
カニカン（ハート型）
丸カン
板カン
丸カン
チェーン
④ワイヤーの端をボールチップで始末する（P.42）
⑤ビーズボールaとビーズをTピンに通し、ねじってとめる（P.42）
モスアゲート丸玉4mm
③ビーズを通す
オリーブジェイド丸玉8mm
淡水パールポテ
モスアゲート丸玉3mm
通し始め
通し始め
6個
ビーズボールb
②
モスアゲート丸玉3mm
クリスタル付Tピン
ビーズボールa
⑥丸カンでチェーンとつなぐ

②ワイヤー30cmをビーズボールbに通し、二つ折りにする

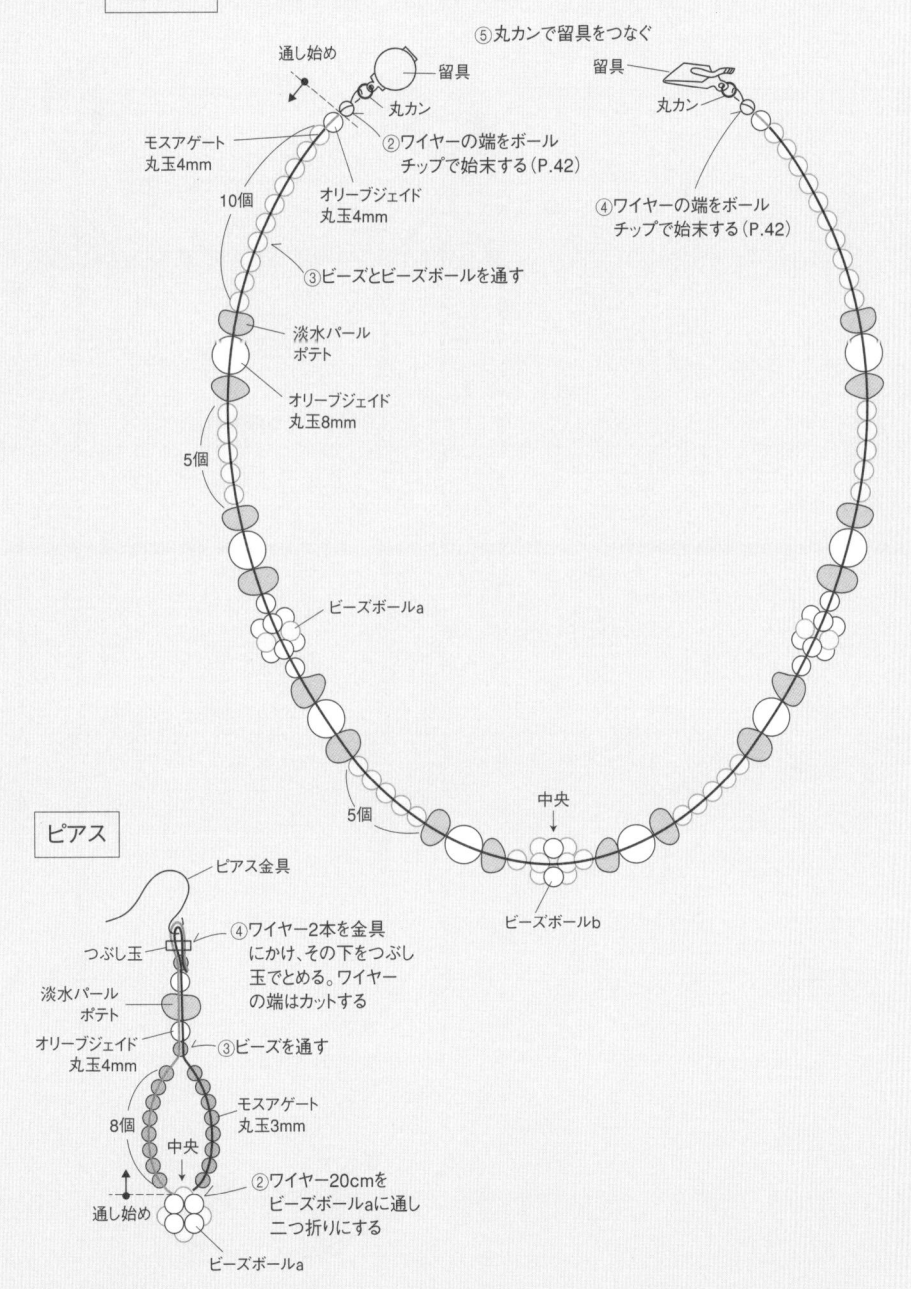

ネックレス

- 通し始め
- 留具
- 丸カン
- ⑤ 丸カンで留具をつなぐ
- ② ワイヤーの端をボールチップで始末する（P.42）
- モスアゲート 丸玉4mm
- オリーブジェイド 丸玉4mm
- 10個
- ③ ビーズとビーズボールを通す
- ④ ワイヤーの端をボールチップで始末する（P.42）
- 淡水パール ポテト
- オリーブジェイド 丸玉8mm
- 5個
- ビーズボールa
- 5個
- 中央
- ビーズボールb

ピアス

- ピアス金具
- つぶし玉
- ④ ワイヤー2本を金具にかけ、その下をつぶし玉でとめる。ワイヤーの端はカットする
- 淡水パール ポテト
- オリーブジェイド 丸玉4mm
- ③ ビーズを通す
- モスアゲート 丸玉3mm
- 8個
- 中央
- ② ワイヤー20cmをビーズボールaに通し二つ折りにする
- 通し始め
- ビーズボールa

カラフルな天然石のロングネックレス … page.27

■材料（金具はすべてシルバー）
□ネックレス一連
本サンゴ丸玉3mm　赤　34個
トルコ石さざれ石　24個
オリーブジェイド龍彫刻10mm　9個
ハウライトライス4mm×6mm　8個
丸カン4mm　2個
ボールチップ　2個
つぶし玉　4個
留具　1組
絹ひも　グレイ　1.2m
□ネックレス三連
本サンゴ丸玉3mm　赤　42個
本サンゴ丸玉2mm　赤　40個
トルコ石さざれ石　57個
オリーブジェイド丸玉フラット8mm　20個
ハウライトチューブ4mm×6mm　21個
山サンゴオーバルカット10mm×13mm　1個
絹ひも　抹茶色　1m×3本
　　　　茶色　1m×1本
芯用ひも　少々

■でき上がりサイズ
□ネックレス一連　長さ1m
□ネックレス三連　首まわり59cm

ネックレス一連は83ページ

ネックレス三連

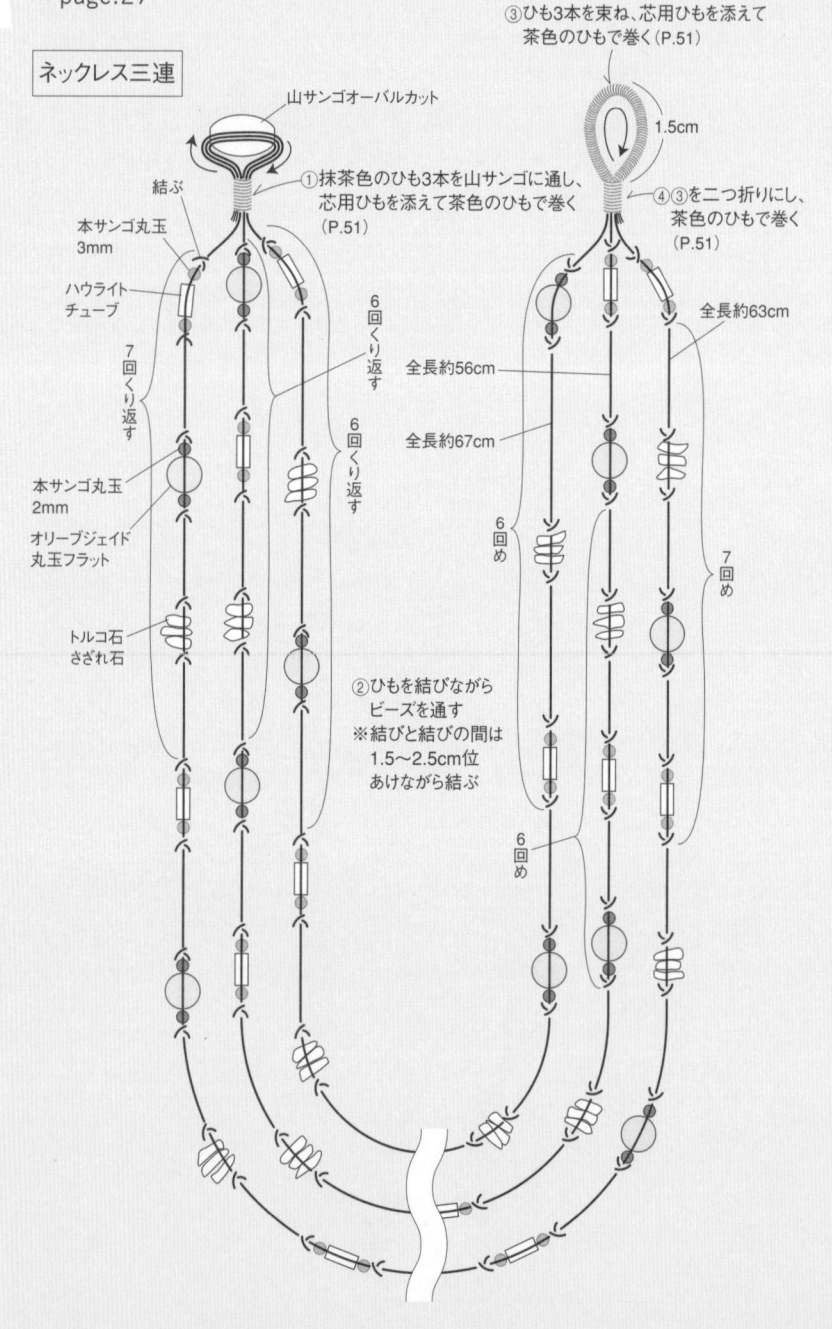

山サンゴオーバルカット
結ぶ
本サンゴ丸玉 3mm
ハウライトチューブ
本サンゴ丸玉 2mm
オリーブジェイド丸玉フラット
トルコ石さざれ石

①抹茶色のひも3本を山サンゴに通し、芯用ひもを添えて茶色のひもで巻く（P.51）

②ひもを結びながらビーズを通す
※結びと結びの間は1.5～2.5cm位あけながら結ぶ

7回くり返す
6回くり返す
6回くり返す
6回め
全長約56cm
全長約67cm

③ひも3本を束ね、芯用ひもを添えて茶色のひもで巻く（P.51）

④③を二つ折りにし、茶色のひもで巻く（P.51）

1.5cm
全長約63cm
6回
7回め
6回め

ブラック系天然石のネックレス　… page.38

■材料（金具はすべてシルバー）
淡水パールポテト約4mm　グレイ　106個
淡水パールポテト約6mm　グレイ　28個
淡水パールポテト約8mm　グレイ　11個
スモーキークォーツ丸玉カット4mm　26個
スモーキークォーツ丸玉カット6mm　54個
ヘマタイト丸玉カット4mm　40個
丸カン直径4mm　6個
ボールチップ　6個
つぶし玉　6個
留具　1組
ナイロンコートワイヤー0.36mm　55cmを3本

■でき上がりサイズ
□首まわり40cm

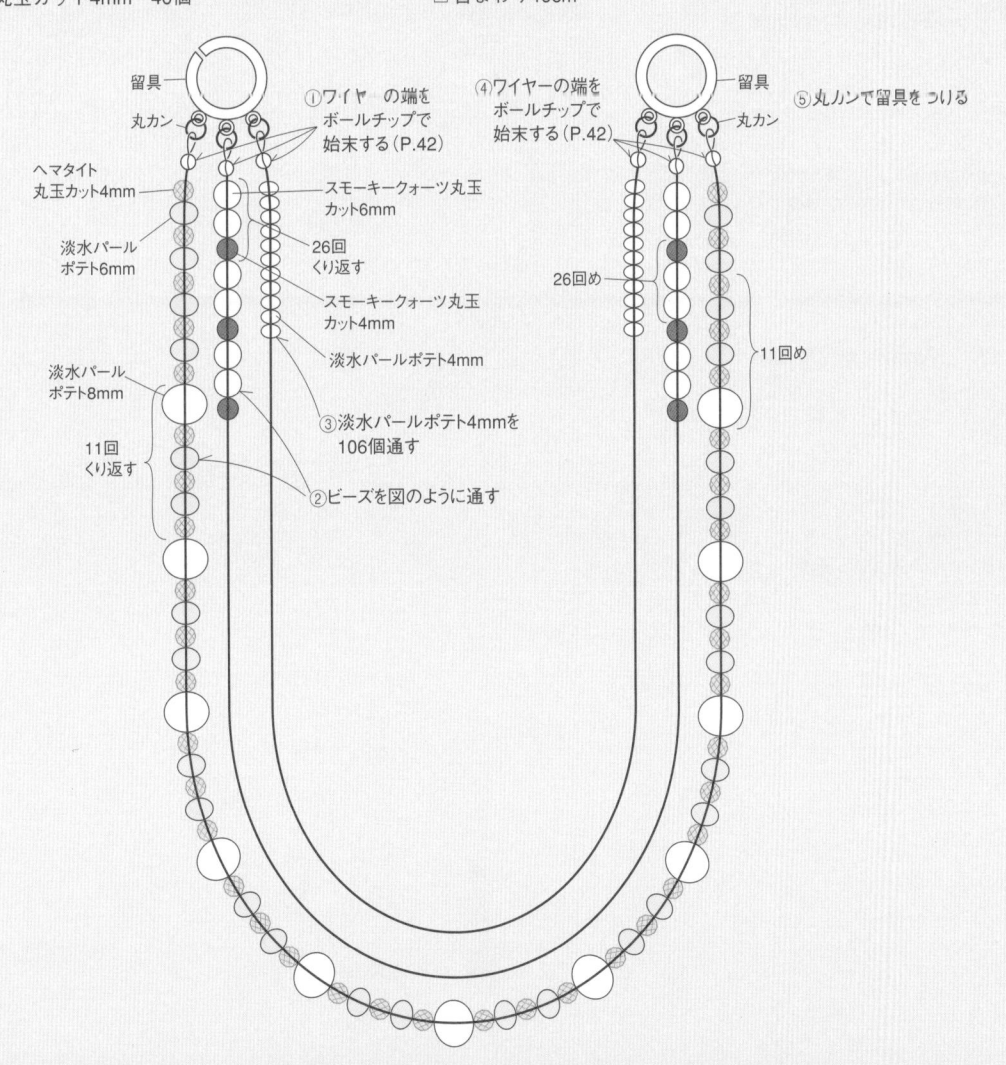

留具
丸カン
ヘマタイト丸玉カット4mm
淡水パールポテト6mm
淡水パールポテト8mm
11回くり返す

①ワイヤーの端をボールチップで始末する(P.42)
スモーキークォーツ丸玉カット6mm
26回くり返す
スモーキークォーツ丸玉カット4mm
淡水パールポテト4mm
③淡水パールポテト4mmを106個通す
②ビーズを図のように通す

④ワイヤーの端をボールチップで始末する(P.42)
留具
丸カン
26回め
11回め

⑤丸カンで留具をつける

淡水パールのネックレス&ブレスレット　… page.32

■材料（金具は指定以外ゴールド）
□ネックレス
淡水パールポテト約4mm　こげ茶　約65個
淡水パールポテト約7mm　こげ茶　約30個
淡水パールポテト約4mm　生成り　約30個
淡水パールクレオパトラ約6mm×9mm　ゴールド　約20個
アンバー丸玉4mm～4.5mm　約10個
シトリントパーズボタン4mm×6mm　約10個
丸カン直径5mm　2個
留具　1組
#28ソフトワイヤー　ブラウン　120cmを4本
□ブレスレット
淡水パールポテト約4mm　こげ茶　約20個
淡水パールポテト約7mm　こげ茶　約5個
淡水パールポテト約4mm　生成り　約35個
淡水パールポテト約5mm　生成り　約5個
淡水パールバロック　ゴールド　約10個
アンバー丸玉4mm～4.5mm　約5個
シトリントパーズボタン4mm×6mm　約5個
丸カン直径5mm　2個
留具　1組
#28ソフトワイヤー　ブラウン　80cmを4本
□イヤリング
淡水パールポテト約4mm　生成り　18個
淡水パールポテト約5mm　生成り　2個
淡水パールポテト5mm×6mm　紫　4個
淡水パールポテト8mm×9mm　ゴールド　2個
アンバー丸玉4mm～4.5mm　4個
丸カン直径5mm　2個
イヤリング金具　1組
#28ソフトワイヤー　ブラウン　20cmを4本
■でき上がりサイズ
□ネックレス　首まわり35mm
□ブレスレット　手首まわり20mm
□イヤリング　長さ3.5mm（金具を除く）

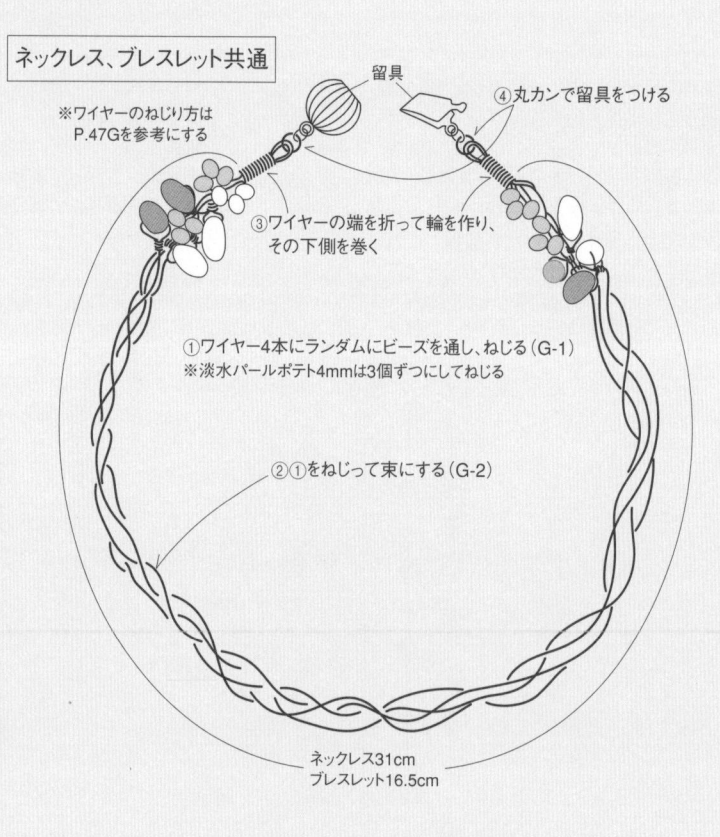

ネックレス、ブレスレット共通

留具
※ワイヤーのねじり方は P.47Gを参考にする
④丸カンで留具をつける
①ワイヤー4本にランダムにビーズを通し、ねじる（G-1）
※淡水パールポテト4mmは3個ずつにしてねじる
③ワイヤーの端を折って輪を作り、その下側を巻く
②①をねじって束にする（G-2）

ネックレス31cm
ブレスレット16.5cm

イヤリング

※ワイヤーのねじり方は P.47Gを参考にする
イヤリング金具
④丸カンで金具をつける
③ワイヤーの端を折って輪を作り、その下側を巻く
①ワイヤー2本にランダムにビーズを通し、ねじる（G-1）
※淡水パールポテト4mmは3個ずつにしてねじる
②中央部分で二つ折りにし、ねじって束にする（G-2）

淡水パールのネックレス&ピアス　…page.33

■ 材料（金具は指定以外シルバー）
□ ネックレス
淡水パールバロック約10mm　グレイ　48個
淡水パールバロック平たい長方形約2〜2.5cm　紫　92個
淡水パールポテト約4mm　グレイ　92個
丸カン直径5mm　4個
ボールチップ　4個
つぶし玉　8個
留具　1組
ナイロンコートワイヤー0.32mm　ピンク　60cmを2本

□ ピアス
淡水パールバロック約10mm　グレイ　2個
淡水パールバロック平たい長方形約2〜2.5cm　紫　4個
玉付Tピン30mm　2本
丸カン直径5mm　2個
ピアス金具　1組
シルバーワイヤー0.3mm　20cmを4本

■ でき上がりサイズ
□ ネックレス　首まわり　44cm
□ ピアス　長さ3cm（金具を除く）

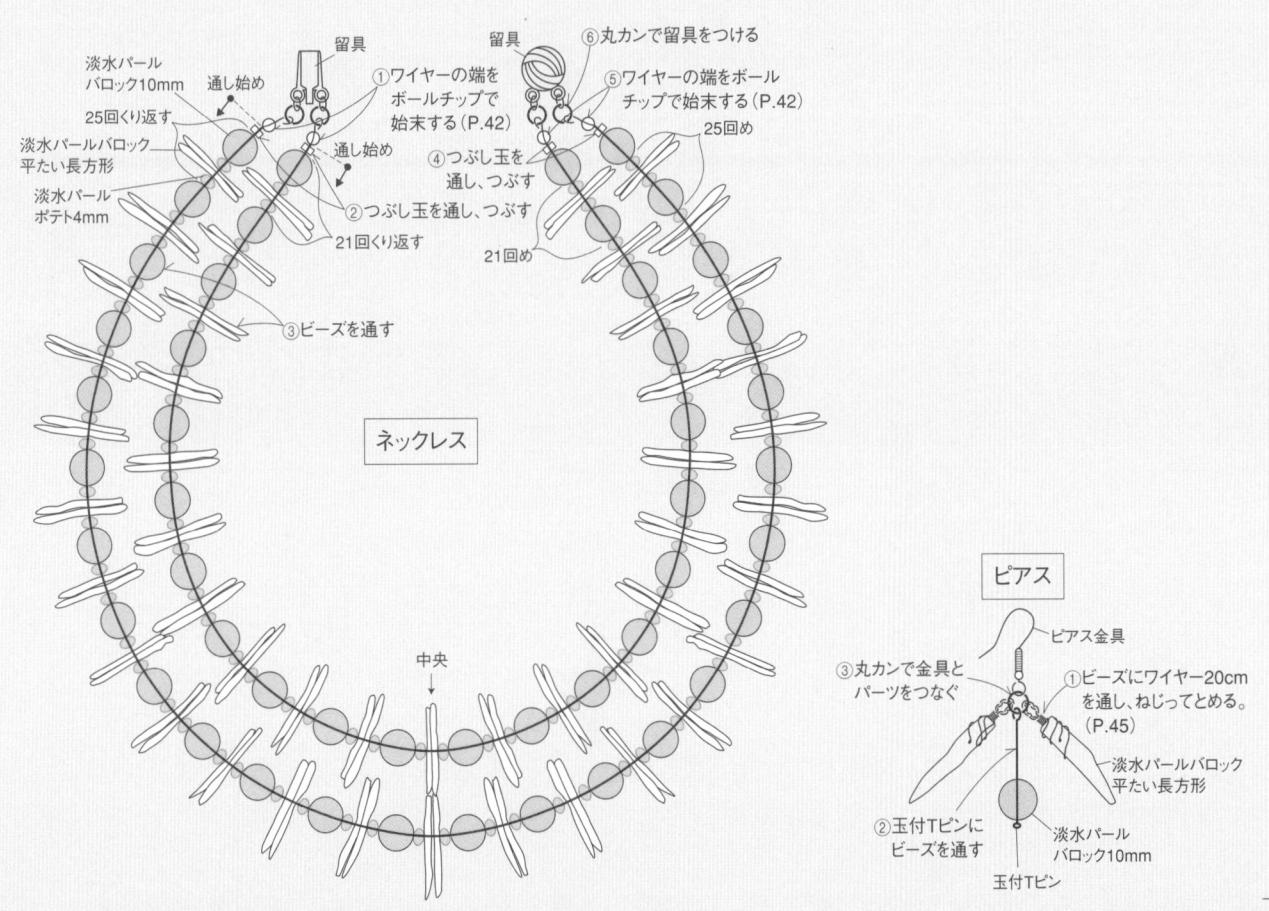

ネックレス

- 淡水パールバロック10mm
- 淡水パールバロック平たい長方形
- 淡水パールポテト4mm
- 25回くり返す
- 通し始め
- 留具
- ①ワイヤーの端をボールチップで始末する（P.42）
- ②つぶし玉を通し、つぶす
- 21回くり返す
- ③ビーズを通す
- ④つぶし玉を通し、つぶす
- ⑤ワイヤーの端をボールチップで始末する（P.42）
- ⑥丸カンで留具をつける
- 25回め
- 21回め
- 中央

ピアス

- ピアス金具
- ①ビーズにワイヤー20cmを通し、ねじってとめる。（P.45）
- ②玉付Tピンにビーズを通す
- ③丸カンで金具とパーツをつなぐ
- 淡水パールバロック平たい長方形
- 淡水パールバロック10mm
- 玉付Tピン

オニキスのネックレス&ピアス　…page.35

■材料（金具は指定以外黒）
□ネックレス
オニキス丸玉4mm　14個
オニキス丸玉カット4mm　4個
オニキスクロス型12mm　2個
ピンクジェード丸玉6mm　6個
ピンクジェードオーバル10mm×14mm　2個
スモーキークォーツ丸玉カット8mm　6個
スモーキークォーツハート型12mm　1個
ボツワナアゲートレクタングル4mm×13mm　5個
9ピン30mm　16本
Tピン30mm　1本
玉付Tピン20mm　5本
丸カン直径3mm　26個
丸カン直径5mm　3個
カニカン　1個
板カン　2個
チェーン　5cm×2本、2cm×2本
カシメジョイント（ひも止め）　4個
幅0.3cmのスエードのひも　黒　45cmを2本
□ピアス
オニキス丸玉4mm　3個
オニキスクロス型12mm　1個
ピンクジェード丸玉6mm　2個
スモーキークォーツハート型12mm　1個
ボツワナアゲートレクタングル4mm×13mm　2個
9ピン30mm　5本
Tピン30mm　2本
丸カン直径3mm　2個
ピアス金具　銅　1組
■でき上がりサイズ
□ネックレス　首まわり44cm
□ピアス　長さ4.5cm（金具は除く）

ネックレス

①ビーズを9ピン、Tピンに通し、パーツを作る

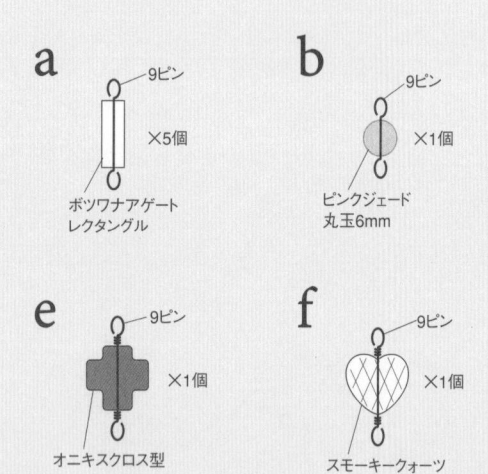

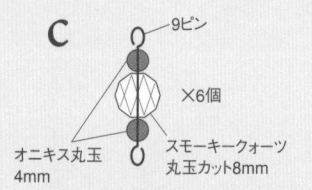

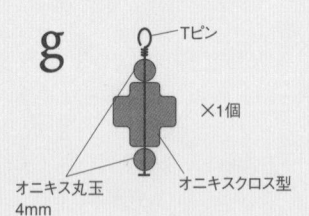

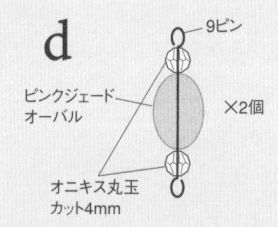

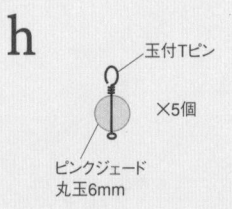

a　9ピン　×5個　ボツワナアゲートレクタングル

b　9ピン　×1個　ピンクジェード丸玉6mm

c　9ピン　×6個　オニキス丸玉4mm　スモーキークォーツ丸玉カット8mm

d　9ピン　ピンクジェードオーバル　×2個　オニキス丸玉カット4mm

e　9ピン　×1個　オニキスクロス型

f　9ピン　×1個　スモーキークォーツハート型

g　Tピン　×1個　オニキス丸玉4mm　オニキスクロス型

h　玉付Tピン　×5個　ピンクジェード丸玉6mm

※e〜hはねじってとめる（P.45）

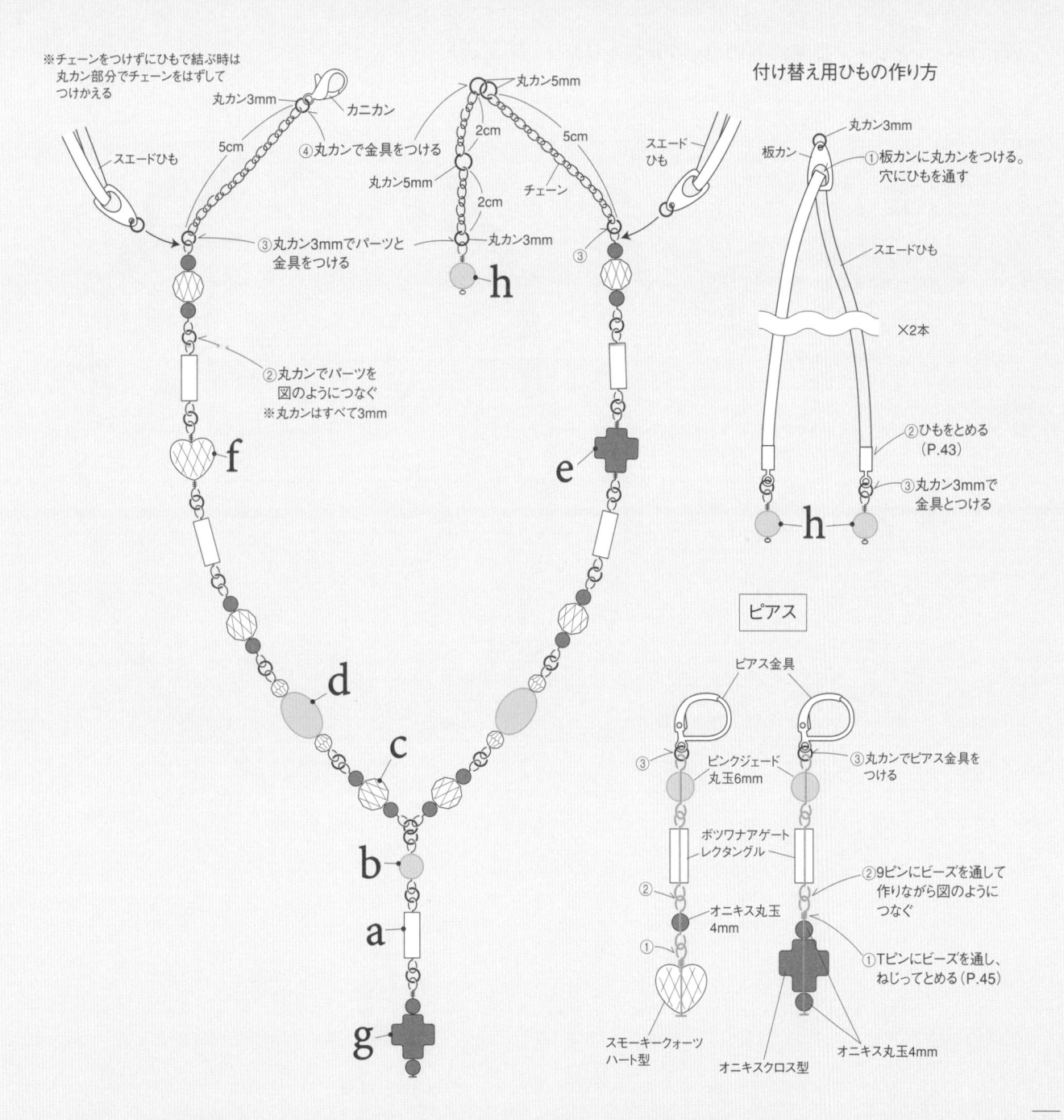

※チェーンをつけずにひもで結ぶ時は丸カン部分でチェーンをはずしてつけかえる

丸カン3mm
カニカン
5cm
④丸カンで金具をつける
スエードひも
③丸カン3mmでパーツと金具をつける

丸カン5mm
2cm
丸カン5mm
2cm
丸カン3mm
チェーン
5cm
スエードひも

②丸カンでパーツを図のようにつなぐ
※丸カンはすべて3mm

付け替え用ひもの作り方

丸カン3mm
板カン
①板カンに丸カンをつける。穴にひもを通す
スエードひも
×2本
②ひもをとめる（P.43）
③丸カン3mmで金具とつける

ピアス

ピアス金具
③丸カンでピアス金具をつける
ピンクジェード丸玉6mm
ボツワナアゲートレクタングル
②9ピンにビーズを通して作りながら図のようにつなぐ
オニキス丸玉4mm
①Tピンにビーズを通し、ねじってとめる（P.45）
スモーキークォーツハート型
オニキスクロス型
オニキス丸玉4mm

91

淡水パールとリーフ型天然石のネックレス＆リング　…page.36

■材料
□ネックレス
淡水パールクレオパトラ4mm×6mm　シャンパン　約30個
淡水パールブリオレット8mm×10mm　淡茶　約5個
カーネリアンさざれ石　約60個
カーネリアンリーフ型8mm　約5個
シルバーリーフ丸玉4mm　約60個
インディアンアゲート丸玉3mm　約50個
インディアンアゲート星型7mm　約5個
インディアンアゲートハート型7mm　約5個
モスアゲートリーフ型8mm　約5個
丸カン直径5mm　ピンク　2個
留具　ゴールド　1組
#31真ちゅうワイヤー　金色　1mを4本
直径0.2cmの皮ひも　ゴールド　60cmを1本
□リング
淡水パールクレオパトラ約4mm×6mm　シャンパン　3個
淡水パールブリオレット8mm×10mm　淡茶　1個
カーネリアンさざれ石　14個
カーネリアンリーフ型8mm　1個
シルバーリーフ丸玉4mm　5個
インディアンアゲート丸玉3mm　12個
インディアンアゲート星型7mm　1個
インディアンアゲートハート型7mm　1個
モスアゲートリーフ型8mm　1個
#31真ちゅうワイヤー　金色　80cmを1本、70cmを1本
直径0.2cmの皮ひも　ゴールド　20cmを1本
■でき上がりサイズ
□ネックレス　首まわり41cm
□リング　フリー

ネックレス
留具
②丸カンで留具をつける
①ワイヤー4本にランダムにビーズを通し、ねじり合わせて皮ひもに巻きつける
※詳しい作り方はP.47G

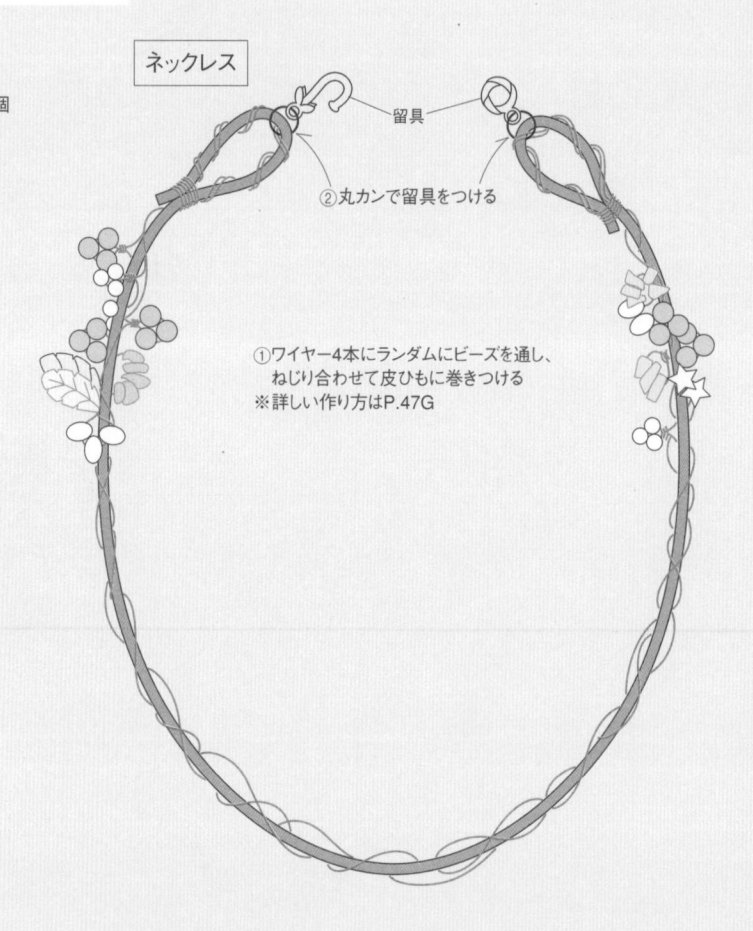

リング
①皮ひもでリングを作り、ワイヤー70cmで巻く（P.47H-1）
②ワイヤー80cmにビーズを通す（P.47H-2）
③②を①に巻きつけ、ワイヤーの端は皮ひもに巻きつける

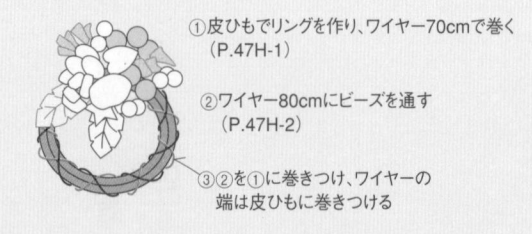

サンゴとブラック系天然石のネックレス&ピアス … page.39

■材料（金具はすべてシルバー）
□ネックレス
ラブラドライト丸玉カット3mm　274個
淡水パール丸玉7mm　グレイ　64個
本サンゴバラ彫刻約20mm　1個
丸カン直径5mm　2個
丸カン直径3mm　2個
留具　1組
テグス2号　120cmを2本、50cmを1本
□ピアス
ラブラドライトボタンカット4mm　24個
淡水パールポテト約6mm　グレイ　2個
淡水パール丸玉カット8mm　グレイ　2個
サンゴ　約7.5mm×8mm　2個
9ピン20mm　6本
丸カン直径3mm　8個
ピアス金具　1組
テグス2号　15cmを2本
■でき上がりサイズ
□ネックレス　首まわり44cm
□ピアス　長さ4.5cm（金具を除く）

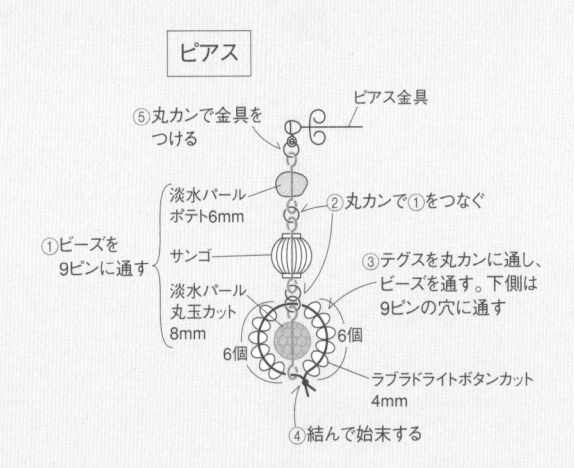

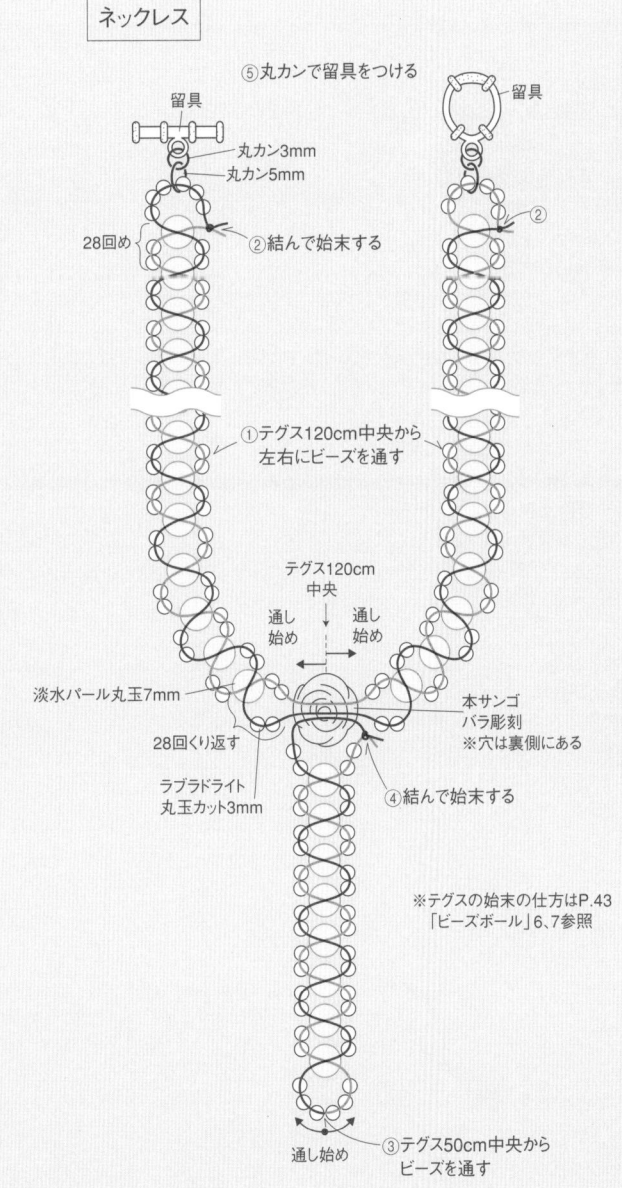

ネックレス

⑤丸カンで留具をつける
留具
丸カン3mm
丸カン5mm
28回め
②結んで始末する
①テグス120cm中央から左右にビーズを通す
テグス120cm中央
通し始め
淡水パール丸玉7mm
28回くり返す
本サンゴバラ彫刻
※穴は裏側にある
ラブラドライト丸玉カット3mm
④結んで始末する
※テグスの始末の仕方はP.43「ビーズボール」6、7参照
通し始め
③テグス50cm中央からビーズを通す

ピアス

⑤丸カンで金具をつける
ピアス金具
淡水パールポテト6mm
②丸カンで①をつなぐ
サンゴ
淡水パール丸玉カット8mm
①ビーズを9ピンに通す
6個　6個
③テグスを丸カンに通し、ビーズを通す。下側は9ピンの穴に通す
ラブラドライトボタンカット4mm
④結んで始末する

ピンク系天然石のチョーカー&ブレスレット … page.37

■ 材料
□ チョーカー（金具はすべて黒）
マザーオブパール丸玉2mm　180個
ガーネット丸玉3mm　18個
インカローズ丸玉カット4mm　24個
インカローズ丸玉5mm　2個
インカローズ丸玉10mm　1個
シルバーパーツ　14個
玉付Tピン20mm　2本
丸カン直径3mm　2個
カシメジョイント（ひも止め）　2個
テグス2号　70cm
幅0.3cmのスエードのひも　茶色　95cm
茶色の縫い糸
□ ブレスレット（金具はすべてシルバー）
マザーオブパール丸玉2mm　132個
ガーネット丸玉3mm　14個
インカローズ丸玉カット4mm　16個
インカローズ丸玉10mm　1個
シルバーパーツ　8個
丸カン直径3mm　2個
カシメジョイント（ひも止め）　2個
留具　1組
テグス2号　60cm
幅0.3cmのスエードのひも　ピンク　15cm
ピンクの縫い糸
■ でき上がりサイズ
□ チョーカー　フリー
□ ブレスレット　手首まわり18cm

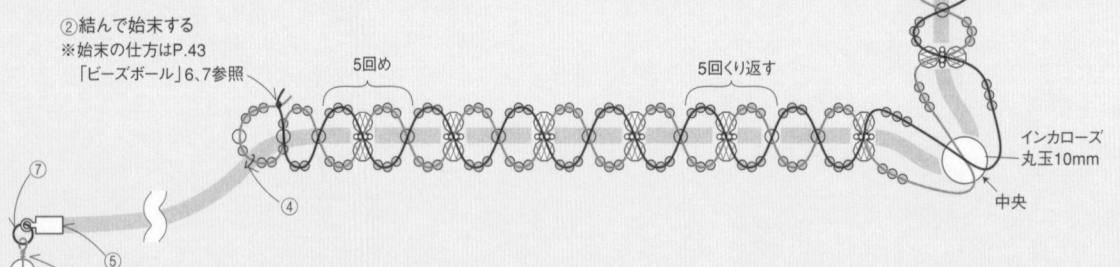

⑥ 玉付ピンにビーズを通し、ねじってとめる（P.45）
⑦ 丸カンでパーツをつける
シルバーパーツ
玉付ピン
インカローズ丸玉5mm
⑤ スエードのひもを金具につける（P.43）

通し始め
ガーネット丸玉3mm
マザーオブパール丸玉2mm
① テグス中央からビーズを通す
④ 縫い糸でテグスとスエードのひもをとめる
5回くり返す
インカローズ丸玉カット4mm
シルバーパーツ
③ スエードのひもを上下にくぐらせる
5回め

チョーカー

② 結んで始末する
※始末の仕方はP.43「ビーズボール」6、7参照
5回め
5回くり返す
インカローズ丸玉10mm
中央
④
⑤
⑥
⑦

ブレスレット

留具
⑥丸カンで留具をつける
⑤スエードのひもを金具につける（P.43）
④縫い糸でビーズとスエードのひもをとめる
ガーネット丸玉3mm
①テグスの中央からビーズを通す
マザーオブパール丸玉2mm
3回くり返す
インカローズ丸玉カット4mm
シルバーパーツ
③スエードのひもを上下にくぐらせる
3回め
中央 → インカローズ丸玉カット10mm
3回くり返す
3回め
②結んで始末する
※始末の仕方はP.43「ビーズボール」6、7参照
④
⑤
⑥
留具

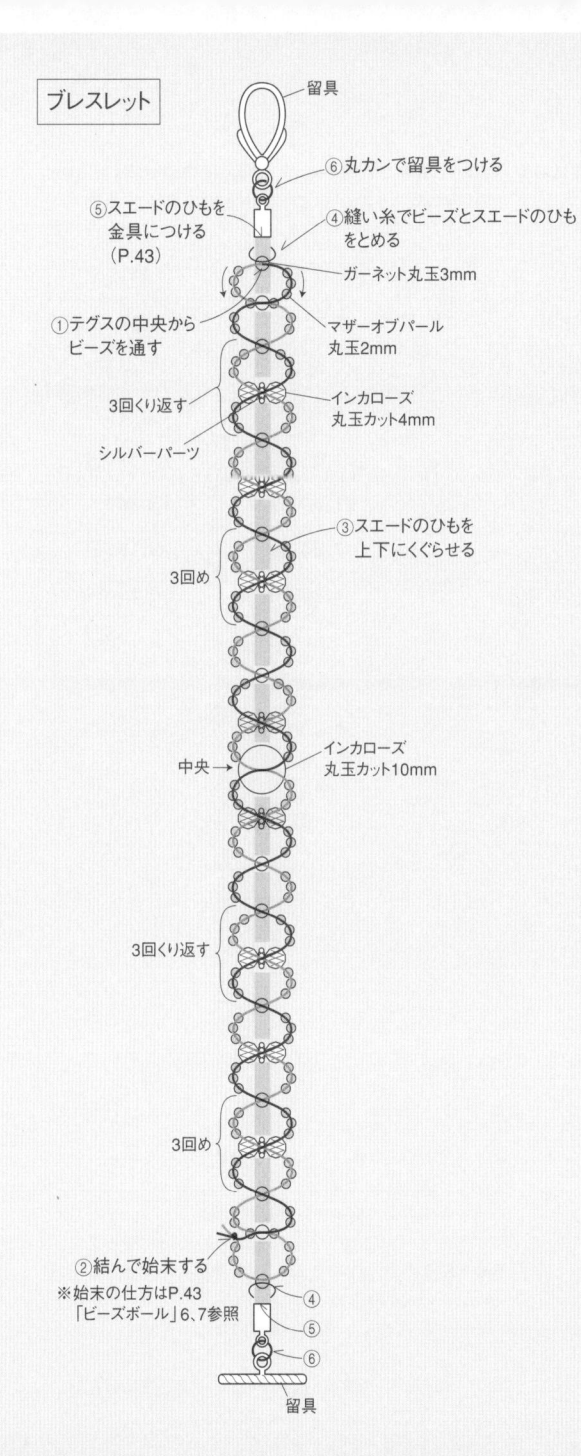

アメジストと淡水パールのネックレス　…page.34

■材料（金具はすべてシルバー）
淡水パールポテト約4mm　濃グレイ　47個
淡水パールクレオパトラ約4mm×6mm　32個
本サンゴ丸玉3mm　ピンク　32個
アメジストティアドロップ約6mm×9mm　28個
丸カン直径3mm　6個
ボールチップ　6個
つぶし玉　8個
ナイロンコートワイヤー0.36mm　30cmを3本
幅3mmのスエードのひも　赤、黒、抹茶色　各90cm
■でき上がりサイズ
□フリー

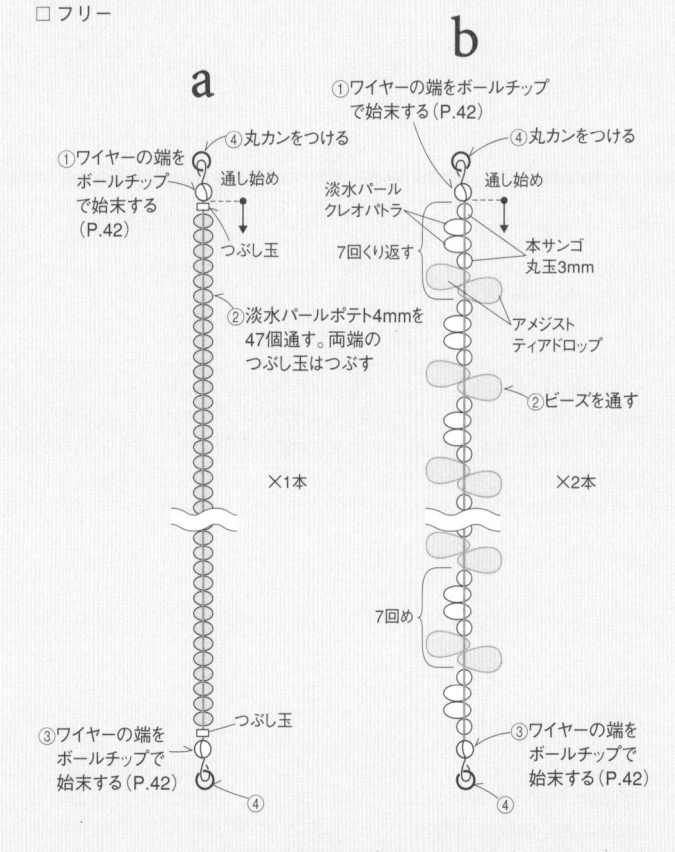

a
①ワイヤーの端をボールチップで始末する（P.42）
④丸カンをつける
通し始め
つぶし玉
②淡水パールポテト4mmを47個通す。両端のつぶし玉はつぶす
×1本
③ワイヤーの端をボールチップで始末する（P.42）
つぶし玉
④

b
①ワイヤーの端をボールチップで始末する（P.42）
④丸カンをつける
通し始め
淡水パールクレオパトラ
本サンゴ丸玉3mm
7回くり返す
アメジストティアドロップ
②ビーズを通す
×2本
7回め
③ワイヤーの端をボールチップで始末する（P.42）
④

⑤スエードのひも90cm1本にパーツa（又はb）の丸カン部分を通し、スエードのひもに巻きつける（写真参照）。スエードひもの両端を結ぶ。同じものを3本作る

95

通信販売のお知らせ

この本に掲載されている天然石のネックレスのキットを販売しています。ご希望の方はお申し込み方法をご覧のうえ、お気軽にお申し込みください。
ご注文にあたっては商品コード（TO×××）、商品名、単価、個数、本体価格をご記入ください。※天然石のため、色や大きさなど若干違う場合があります。ご了承ください。

商品番号	掲載ページ	商品名	本体価格	税込価格
TO 001	09 ページ	淡水パールとシトリンのネックレス	8,800円	9,240円
TO 002	10 ページ	オレンジムーンストーンと淡水パールのネックレス	6,800円	7,140円
TO 003	12 ページ	インカローズのネックレス	9,800円	10,290円
TO 004	14 ページ	トルコ石のネックレス	11,800円	12,390円
TO 005	17 ページ	淡水パールのロングネックレス	11,800円	12,390円
TO 006	18 ページ	パールとアマゾナイトのネックレス	7,800円	8,190円
TO 007	20 ページ	アクアマリンとブルートパーズのネックレス	9,800円	10,290円
TO 008	26 ページ	カーネリアンと翡翠のネックレス	6,800円	7,140円
TO 009	27 ページ	カラフルな天然石のロングネックレス（1連）	8,800円	9,240円
TO 010	35 ページ	オニキスのネックレス	9,800円	10,290円

お申し込み・お問い合わせ先
（株）雄鶏社通信販売係　〒162-8708 東京都新宿区築地町4番地　通販直通 TEL.03-3268-3106（平日9:30〜17:30）　FAX.03-3268-3206（24時間受付）

お申し込み方法
●注文用はがき、封書、FAXなどでお申し込みください。その際には、お名前（必ずフリガナ）、〒、ご住所、電話番号、年齢、ご職業をお書き添えください。アパート、マンション名も忘れずにお書きください。ご記入いただいた個人情報はご注文の商品の発送、お支払い確認等の連絡及び弊社の新刊・新商品案内をお送りするために利用し、その目的以外での利用はいたしません。
●商品は、ご注文受付後、1週間程度でお手元にお届けいたします。なお、その際、送料の一部500円のご負担をお願いしています。
●万一、品切れや発送の送れが出た場合、前もってご連絡申し上げますので、ご了承ください。

お支払い方法
●商品に同封いたしました振込用紙で、お近くの郵便局より、商品が届いてから1週間以内に一括してお振込ください。なお、領収書は1ヵ月ほど保管してください。
●万一、商品がお気に召さない場合は、商品が届いてから1週間以内にご返品ください。その際の送料は、お客様のご負担にてお願いします。
●税込価格は税率5%で算出しています。
●ご請求金額は本体価格の小計とそれに税率を掛けた額、送料500円（税込）の合計になります。

天然石のアクセサリー

発行日／2005年6月10日
編集人／小苅米アヰ子　発行人／武内英昭
発行所／株式会社 雄鶏社
〒162-8708 東京都新宿区築地町4番地
TEL（03）3268-3101（代）　振替00140・2・26255
編集部直通（03）3268-3108　営業部直通（03）3268-3107
http://www.ondori.co.jp
印刷所／錦プロデューサーズ 株式会社

ISBN4-277-47200-1　C5077　Printed in Japan